夢幻神祕的阿拉伯神話故事

Story of Arabian mythology

夏妍 著

原書名：流傳千年的阿拉伯神話故事

編輯序

無所不能的魔戒與神燈、空中飛行的毛毯、能隱身的頭巾、一夜就能建成的城堡……種種神秘事物將我們引入了夢幻般的阿拉伯神話世界。

本書所選取的神話故事分別從不同角度反映了古代阿拉伯及其周圍地區的社會現實，不愧為瞭解阿拉伯社會的一面鏡子。

書中的很多故事都表達了人們對美好生活的追求。在『阿拉丁和神燈』中，阿拉丁借助神燈，與公主結為夫妻，同時打敗了宰相、魔法師的種種陰謀，譜寫了一曲善戰勝惡的頌歌。在『醜男戞巴』的故事裡，從爐火中出現的小矮人戞巴，用手中的鐵棍打死了作惡的女巫，幫助受冤的王子成功復仇。諸如此類的故事，無論是現實的較量，還是借助神力的較量，最終真善美必然戰勝假惡醜。

愛情永遠是故事的主題之一。『小鞋匠哈迪』、『哈爾王子娶人魚公主』、『至死不渝的櫻桃樹』等都表現了有情人為了追求幸福而矢志不渝的決心。這些故事包含了人與人的愛情、神魔介入的愛情、人與神的愛情，但無論哪一種愛情，最終幸福還是存在於人間。

冒險故事是本書當中最動人心魄的篇章。『正義海盜辛巴達』是其中最膾炙人口的故事。他前後七次出海，歷時十年之久。每次出海都九死一生，經歷了難以想像的災難。作者奇幻的想像，扣動讀者心弦，一波三折的情節描寫，更是令人叫絕。『獵人赫曼與仙女卡莉爾』是為了愛情所經歷的冒險。獵人赫曼為了尋找仙女，在白鴿的指引下，一路上戰勝了想置他於死地

的巨型猛虎，禁受住了惡毒女妖的誘惑，還殺死了饑餓的大鷹，最終找到了心上人。

在這些探求未知世界的冒險、尋找愛情所經歷的冒險，及其他種種冒險中出現了大量的神奇之物，如飛馬、讓人長生不老的草汁、以及威力巨大的神戒指……均表現了人類企圖征服自然的願望。

阿拉伯神話故事是阿拉伯廣大人民群眾智慧的結晶，也是多民族文化交融和匯合的產物。這些故事美妙動人，精彩的內容給人以愉悅，積極的精神激發了人的進取精神，多變的情節讓人生發出無窮想像和追求。

故事中的主角除了面目猙獰的妖魔、善良的精靈之外，牧民、漁夫、女僕等凡夫俗子也紛紛登台，成為書中的正面主角。這也是阿拉伯神話與其他神話的不同之處：時而借助於神和妖魔的力量，時而完全回歸現實的本身，在寫「神」的同時，更多體現了「人」。

在寫作方法上，這些故事的語言豐富優美，流暢自然，體現了民間文學的特色。同時還廣泛地運用了比喻、幽默、諷刺等修辭手段，大大地加強了藝術感染力。在思想性上，所有這些神話故事，幾乎都貫穿同一個主題，即光明正義終將戰勝黑暗與邪惡。這也是不同民族的神話雖各具特色但總是殊途同歸的地方。

文學是沒有國界的，雖然是不同的語言表達，但詮釋的是同一種人性的美麗，蘊涵的是同樣至真的哲理。相信每一位看過本書的讀者，都會有這樣的感觸：這是一本極其好看的書，絕對超值！

編輯 **韓顯赫**

序言

西元七世紀，在穆罕默德的領導下，阿拉伯民族實現了統一。此後又經過歷代哈里發的征戰討伐，一個跨歐、亞、非三洲的強大帝國崛起了。由於其幅員廣闊，地理位置特殊，使得阿拉伯人在東西方文化的溝通和交融方面，佔據了舉足輕重的地位。同時，在自身的歷史發展中，阿拉伯民族日漸形成了特點鮮明的伊斯蘭文化。聰明智慧的阿拉伯人透過想像和創造，把自己最美好的心願以及對未來的憧憬，通過神話故事盡情地抒發了出來。

神話故事是一種反映社會精神生活的文學樣式，也是早期人類對周圍世界的深刻體驗，具有十分重要的社會價值。甚至可以說，神話故事是包羅萬象的形象化的歷史，體現了一種文化對世界的看法及不同的民族信仰。為此，世界各國的文化體系都十分重視神話故事，並積極加以保存、維護和傳承。

阿拉伯人也不例外，他們透過神話故事來解釋各種未知現象以及人類生老病死的謎團，表達了對自然界和社會生活中一切神秘和奇異之物的敬畏之心，並想像出一幅幅壯美瑰麗的宇宙之圖。同時還透過神話故事，反映了當時社會中的階級對立，揭露了統治者的殘暴與罪惡，從而表達人類追求美好生活的強烈願望，尤其是對忠貞不渝的愛情的嚮往。儘管這些神話故事大多是古人智慧的結晶，但它卻涉及了每一個現代人仍在思考的問題。比如，我們對自己的生命擁有多大的駕馭能力？如何才能平衡自己的欲望？如何才能擁有平和自在的心態？如何才能順

應自然，接受生命中各種未知的東西？……

本書所選取的阿拉伯神話故事，具有濃鬱的生活氣息和鮮明的民族特色。它記錄了阿拉伯民族千百年來的社會變遷，閃耀著倫理、學術、文學的絢麗光芒，在藝術性和思想性方面都達到了很高的成就。

相對於其他體系的神話故事，阿拉伯神話構思奇妙、情節精彩生動、哲理深刻，內容涉及到了很多領域。其中有歷史典故、民間傳說、愛情故事、宗教故事、戰爭故事，可謂應有盡有、包羅萬象。故事的主角，有見風使舵的小人，也有堅持正義的君子；有自私自利的夥伴，也有與人共用食物的陌生人；有以怨報德的魔鬼，也有好心的漁夫……在真善美和假醜惡的較量中，真主阿拉不自主地偏向了後者。

翻開本書，一幅幅色彩紛呈、美侖美奐的畫面飛掠而過，令你目不暇接，彷彿進入到一個夢幻般的神秘世界，從而盡情享用人類饑渴的童稚歲月中最可口的精神美食！

目錄

第一章 神祕古國的奇人奇事

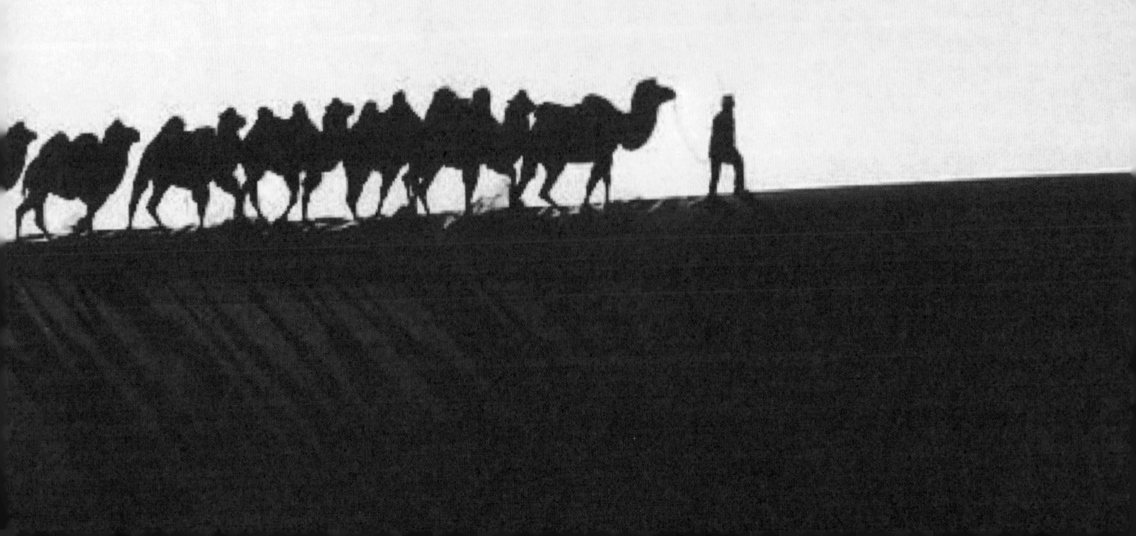

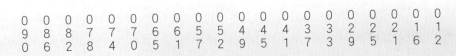

第二章 真情澆灌出美好之花

目錄

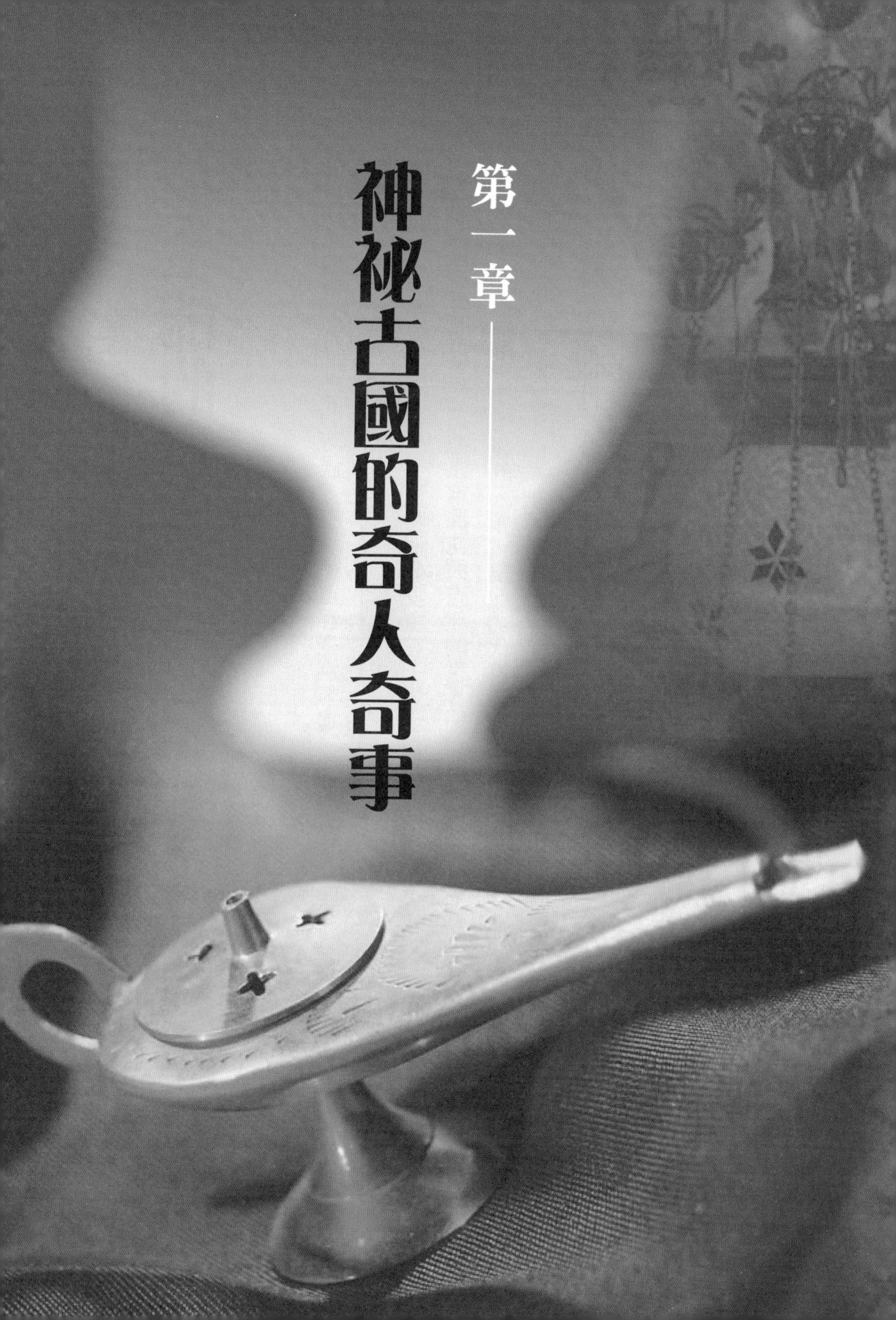

第一章
神祕古國的奇人奇事

宇宙和人類的創造者——
全能的真主

在天地還沒有形成的時候，整個宇宙都空洞無邊，而掌管著這片「空洞」的就是真主。也許是一個人太寂寞，真主用六天的時間創造出了天地萬物。同時，真主也為自己做了一些事情，他從光中創造出了天使，並將他們安置在天庭上做自己的近侍。

經過一番努力，真主把原本混沌與虛無的世界變得多姿多采，有聲有色。做完這些之後，真主決定創造超越一切生靈的人類，讓他們代替自己治理大地。

他首先用黏土塑造出了一個形體優美的男人，他有著挺拔的身軀和清秀的面孔，五官勻稱，四肢健壯。剛開始，這個新生物還沒有任何的思想和意識，只是一個泥土塑成的模型而已。當真主將一口靈氣吹進模型的身軀後，他很快就有了脈搏和呼吸，雙眼也有了光芒。真主賜予了他觀察萬物、傾聽聲音、表達想法、傾吐話語的能力，不僅如此，還賜予他超凡的精神意識和複雜的思維能力，使得他具備了超凡、卓越的智慧，成為了萬物之靈長。

自此，真主創造了人類的始祖。他還給這個最初的人取了一個好聽的名字——阿丹。

為了不讓阿丹孤獨，真主又創造出一個女人，讓她和阿丹結為夫妻，這個女人就是哈娃。

一天，阿丹和哈娃正在天園中嬉笑打鬧，真主忽然大駕光臨。

看到真主，阿丹急忙拉著哈娃跪迎偉大的真主。

「我最親愛的真主，多謝您賜予我如此美麗善良的妻子，我們生活得非常好，很開心，也很滿足。」

真主滿意地點了點頭：「今天我來是特地要告訴你們一件事，你們絕對不能靠近那棵天園之樹，它是一棵會讓人產生邪惡慾望的樹。」

阿丹和哈娃跪在地上，向真主發誓：「我們謹遵您的叮囑，不靠近那棵樹，更不會去吃上面的果實。」

聽了阿丹和哈娃的話，真主放心地點了點頭，說道：「魔鬼易卜劣斯被我驅逐出天園，他很有可能會來報復你們，你們一定要當心，千萬不要上他的當。對於他的任何話，你們都不能相信。」

真主囑咐一番之後，放心地離開了。

此時，沉浸在幸福快樂之中的阿丹和哈娃完全沒有意識到一場災難就要來臨了。

過了幾天，魔鬼易卜劣斯趁著阿丹不在哈娃身邊的時候，走近她，假裝和善地說道：「哈娃，妳看那棵樹上的果子多麼誘人呀！妳為什麼不去吃呢？」

聽聞此言，哈娃充滿警惕地看著易卜劣斯說道：「我們不會違背真主的囑託，更不會違背自己的誓言。」

易卜劣斯做出一副神祕兮兮的樣子說道：「哈娃，你們真是一對糊塗蟲，居然連這其中的祕密都不知道，還是我來告訴你們吧！其實，真主是不想讓你們成為天使，在這裡永久地居住下去，才不讓你們吃的。你們如果不吃這些果子，就不可能像我們一樣，生命長久不衰。」

這個時候，阿丹回來了，他看到正和哈娃說話的易卜劣斯立刻沉下臉問道：「易卜劣斯，你來這裡做什麼？我們不歡迎你，趕緊離開。」

易卜劣斯詭笑道：「我是來告訴你們一個祕密的，其實那棵樹上的果子是可以吃的，吃了之後可以成為天使。」

阿丹冷冷地哼一聲，說道：「你不可能如此的好心告訴我們吧？」

易卜劣斯虛偽地笑了笑，說道：「我是真心想幫助你們的，我剛才還和哈娃發過毒誓，你應該相信我。」

阿丹狐疑地看了看哈娃。

哈娃對阿丹說道：「是的，他剛才發過誓，我想他的話應該是真的。」

聽易卜劣斯講話的語調，似乎也符合情理，更何況他並沒有脅迫，只是點到為止，看不出他有什麼險惡用心。於是，阿丹和哈娃的思緒紊亂了，意念模糊了，遙望著那棵枝繁葉茂的禁樹上散發著誘人香氣的果實，一股難以抵制的誘惑力，像磁鐵一樣吸引著他們，使他們不由自主地地向那棵樹走去……

事後，真主為了懲罰阿丹和哈娃，決定讓兩人去大地上生活，體會稼檣之辛勞，育兒之艱難。

從此，人類的歷史開始了。

小知識：

真主是全世界穆斯林崇拜的唯一主宰，被認為是創造宇宙萬物並且是養育全世界，而今世派遣眾多先知向人類傳達真理、後世進行公平清算的主宰。

宰相愛女拯救萬千百姓——

一千零一夜

在古印度和中國之間的海島上，有一個薩桑王國。國王山努亞爾愛民如子，百姓們都稱讚他是仁君。

有一天，國王非常思念他的弟弟——薩買甘地國國王薩曼，於是派宰相邀請弟弟前來相聚。

幾天後，薩曼接到哥哥的邀請，收拾行囊安排好僕從動身出發。沒走多遠，薩曼突然想起為哥哥準備的禮物忘在宮中，於是回城去取。

剛一進宮門，薩曼便撞見王后與樂師們拉拉扯扯地嬉鬧歡笑，薩曼大喊道：「妳這賤人，我還沒走出城妳就如此不檢點，要是我這一去住久了，妳不知會鬧出什麼事呢！」一氣之下，薩曼拔出寶劍，了結了王后和樂師的性命，憤然離去。

半個月後，薩曼來到了薩桑王國，兄弟兩人相見後熱淚盈眶，激動不已。山努亞爾特設家宴招待弟弟，但薩曼總是強顏歡笑，一臉憂鬱。

山努亞爾關切地問：「弟弟，你的臉色怎麼如此難看呀？」

「我的遭遇難以言表。」薩曼守口如瓶。

「好吧！我們去打獵放鬆一下心情。」山努亞爾說。

「哥哥您去吧！我想在宮中休息。」

就這樣，山努亞爾獨自去打獵，薩曼在御花園閒逛。走著走著，薩曼看見一群如花似玉的宮女和二十幾個奴僕在噴水池前歌舞嬉戲，皇后居然也在其中。

薩曼心想：「比起這樣的事情，我的遭遇算得了什麼呢？」頃刻間，他的煩惱煙消雲散，恢復了精神。

幾天後，山努亞爾打獵回宮，與弟弟相聚。山努亞爾見薩曼臉色紅潤、神采飛揚，感到十分詫異，便問薩曼：「弟弟，前幾日我見你愁眉不展，今天卻精神煥發，能告訴我原因嗎？」

薩曼猶豫了一下，便把妻子對他的背叛以及御花園中所見，一五一十的告訴了哥哥。

山努亞爾沉思片刻說：「明日我假裝出城打獵，然後偷偷回宮藏起來，我要親眼證實你說的話。」

第二天一早，國王山努亞爾果然照做了。當打獵部隊出城後，他偷偷回宮藏匿起來。很快地便看見皇后打扮得花枝招展，與奴僕三五成群地在御花園中嬉笑歌舞。

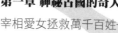

山努亞爾又氣又絕望，對薩曼說：「弟弟，我太不幸了，你陪我出去走走吧！」

於是，兄弟倆來到海邊。他們走著走著，突然狂風四起，海浪裡升起一根黑柱，直升上天空。兄弟兩人見此情景，嚇得魂飛魄散，急忙躲在一塊巨石的後面。頃刻間，海面上升騰起一個面目猙獰、體型巨大，頭頂著一個黑匣子的海怪。他來到岸邊，見四周無人，就將黑匣子打開，從裡面放出一個身材窈窕的絕色女郎。

魔鬼對著女郎說：「美麗的娘子，我需要睡一覺，妳自己欣賞海邊的風景吧！」說完，他躺在沙灘上睡了起來。

女郎在岸邊走來走去，不經意間發現了躲在巨石後面的兩個國王。女郎從口袋裡掏出一串戒指說：「你們知道這些都是從哪裡來的嗎？」

「不知道。」

「這些戒指都是在這個海怪睡覺的時候，與我歡愉的那些男人留下的禮物。這個海怪把我搶來，用七種不同的鎖把我鎖進黑匣子，但我仍然可以自由出入，因為女人想做的事誰都擋不住。」

聽了女郎如此露骨的話，山努亞爾和薩曼感到無比驚恐。他們悄悄耳語道：「這個神通廣大的魔鬼，尚且被一個女人欺騙，可見女人是不可信賴的。」於是，弟兄兩人離開了女郎，啟程回到王宮。

回來後，山努亞爾化恐懼為報復，不僅殺死了王后和宮女，還命令宰相每天為他娶一位女子陪他過夜，第二天雄雞報曉時，便殘忍地將少女殺害。

轉眼間，三年過去了，國王殺死了上千名少女。

有一天，宰相的大女兒桑魯卓聽到百姓們怨聲載道地講述國王的暴行，便決定挺而走險，請求父親將她送入宮中，並向父親發誓，她會好好活下去，來解救萬千百姓。宰相見女兒主意已定，只好含淚應允。

當晚，國王見到了優雅美麗的桑魯卓，不由得心生歡喜。可是，桑魯卓一見到國王，便悲傷地哭起來。

國王問：「美麗的女孩，妳為什麼哭泣？」

桑魯卓說：「我知道我活不過今晚，可是我想見妹妹最後一面。」

國王早已被桑魯卓迷倒，當即派人接來了宰相的小女兒多亞德，姐妹兩人深情地擁抱在一起，妹妹說：「姐姐，請妳為我講個故事，讓我們快樂地度過這最後一晚吧！」

桑魯卓知書達禮，讀過許多歷史書籍，非常善於講故事。只見她妙語連珠，深深吸引了國王山努亞爾，並對自己動了惻隱之心。

當雄雞唱曉的時候，桑魯卓說：「若蒙

國王開恩，讓我活下去，那麼，下一晚我的故事比這還要精彩得多呢！」國王意猶未盡，當即表示同意。

第二天清晨，宰相哭哭啼啼地等著為女兒收屍，誰知女兒竟然完好無損地走出來。宰相大喜，詢問女兒緣由，桑魯卓說：「國王被我講的故事所吸引，今早講完故事，我就告訴他明天的故事將會更精彩，國王便決定等我講完故事再說。」

就這樣，日復一日，桑魯卓的故事無窮無盡，一個比一個精彩，一直講到第一千零一個故事，終於感動了國王。

山努亞爾說：「憑阿拉的名義起誓，我決定不殺妳了，妳的故事讓我感動。我將把這些故事記錄下來，永遠保存。」

小知識：

國王山努亞爾命人把桑魯卓說的故事一一記錄下來，從此便有了《一千零一夜》這本書。書中的故事流傳至今，成為永恆的經典。

為和平與友誼而戰——正義海盜辛巴達

遙遠的敘拉古國住著一對好朋友，一個叫普羅斯，一個叫辛巴達。普羅斯善良純真，辛巴達率性輕狂，性格迥異的兩個人整日在一起玩耍，形影不離。

有一天，兄弟倆來到海邊，辛巴達說：「普羅斯，你看那翻滾的巨浪，多麼驚險啊！希望有一天我能到大海上乘風破浪。」

普羅斯回答說：「那我們一言為定，有朝一日我們一起去冒險。」

兄弟倆立下約定後，便與家人依依惜別，各奔前程。

幾年後，善良的普羅斯成了島國的國王，他治國有方，受到了人民的擁戴；而率性輕狂的辛巴達則成了海盜，他每日在海上劫財奪寶，漂泊度日。

有一天，辛巴達聽說島國雪城的國王有一件叫「和平之書」的稀世珍寶，擁有巨大無比的魔力，可以滿足人們的各種慾望。於是，貪婪的辛巴達決定立即前往雪城，準備偷取寶物據為己有。

辛巴達順利地溜進了雪城國王的王宮，一陣翻箱倒櫃後，終於在國王的枕頭下發現了「和平之書」。正當他拿起寶物準備逃走時，卻被王宮侍衛隊撞了個正著，侍衛們將他五花大綁，交給國王處置。

辛巴達被侍衛們拉扯著來到國王面前，他以為自己死到臨頭了，可是他萬萬沒有想到，雪城的國王竟然是自己兒時的玩伴普羅斯。

普羅斯一眼就認出了辛巴達，立刻下令為他鬆綁。

普羅斯關切地問辛巴達：「兄弟，你為什麼要盜寶？有什麼難處嗎？」

辛巴達說：「我天不怕地不怕，別人有的，我也要有，請你把『和平之書』給我。」

普羅斯說：「『和平之書』是雪城的國寶，有了它，我們的國家才沒有戰亂，國泰民安，金銀財寶年年有餘。希望你念在我們的舊情上，別再強求了。」

貪婪成性的辛巴達很不服氣，與普羅斯爭辯起來，普羅斯為了自己的國家和人民，也毫不妥協。

正當兄弟倆爭得不可開交之時，一股黑煙從宮殿外湧了進來，黑煙越來越濃，把「和平之書」團團圍住。當黑煙漸漸消散的時候，大家驚奇地發現，「和平之書」不見了。

國寶喪失，普羅斯便一病不起，文武百官都懷疑是辛巴達盜寶不成便施法騙取國寶。這個消息不脛而走，百姓們也議論紛紛。

後來，一位漁民出海打魚時看到海妖艾瑞爾高舉著「和平之書」在巨浪中翻滾，他立刻向國王報告。普羅斯得到消息後，對辛巴達說：「兄弟，自從國寶喪失後，群臣百姓都懷疑是你施法騙取了寶物，我希望這次由你帶兵奪回國寶，為自己洗刷冤屈。」

辛巴達眼珠一轉，說：「帶領大隊人馬容易走漏風聲，不如讓我隻身前往。」雖然他嘴上這麼說，心裡卻想：「等我一登船，就去陽光普照的斐濟島逍遙快活，才不管你的死活！」

普羅斯早就明白了辛巴達的心思，他一邊同意辛巴達獨自奪寶的要求，一邊暗地裡安排自己的女友瑪麗娜偷偷上船監視辛巴達。

第二天一早，普羅斯為辛巴達準備了一艘豪華結實的海盜船為他送行。辛巴達剛一離開雪城海域，便立刻調轉船頭，準備向斐濟島駛進。這時，瑪麗娜從船艙衝出，辛巴達嚇得目瞪口呆，不知所措。

瑪麗娜說明了來意，辛巴達萬般無奈，只得硬著頭皮去捉妖。

海妖艾瑞爾得到「和平之書」後魔力大增，她施法變出碩大的海蟒、劇毒的海蠍，還有可怕的章魚，萬般刁難辛巴達，想置他於死地，但每次辛巴達都在聰穎沉著的瑪麗娜幫助下化險為夷。辛巴達漸漸懂得了友情的可貴，他和瑪麗娜並肩作戰，用人類靈活的頭腦和堅定的意志，克服艱難險阻，殺死海妖，奪回了「和平之書」。

辛巴達將瑪麗娜安全送回雪城，將國寶親手交給普羅斯，兄弟兩人相擁而泣。從此，辛巴達的故事被百姓們稱頌，他也被譽為「和平英雄」。

小知識：

真摯的友誼是一把利劍，它可以殺死貪婪與慾望；它也是一件無價之寶，堪比世間萬物。

善良與智慧通往正義——阿拉丁神燈

在阿拉伯古國，有一個叫阿拉丁的男孩，他剛出生不久父親就去世了，母親靠做針線活賺錢養育他，生活十分貧苦。

日子一天天過去，阿拉丁已經長大成人，母親的雙眼因為常年勞累已經昏花，不能再做針線活了。看著年邁的母親和破舊的家，阿拉丁決定到鎮上去學一門手藝，賺錢養活母親。

在路上，阿拉丁看見一個巫師在表演法術，他將罐子變成兔子，將手帕變成麻雀，阿拉丁被這精彩而神祕的表演吸引了，便跪拜在巫師面前表明求學心意。巫師對他上下打量了一番後，欣然接受了這個學徒。

巫師帶著阿拉丁來到城外一座小山上，山間有一塊空地，巫師對著空地一指，空地便突然冒出一團火，巫師唸著咒語，只聽「轟隆」一聲響，山上出現了一扇石門。

巫師推開石門，對阿拉丁說：「這裡面有一盞油燈，你把它取出來交給我，這就是你要學的第一課。」

阿拉丁向石門裡看了一眼，說：「師父，裡面又黑又潮濕，我害怕。」

巫師不耐煩地瞪了阿拉丁一眼，從自己的手上摘下一枚戒指交給他，說：「戴上這個戒指，如果有需要就摩擦它幾下。」

阿拉丁只好順從師父的旨意，進入石門。石門裡面有一條地道，阿拉丁躡手躡腳地向下走了十幾公尺，便看見了忽明忽暗的光。順著光亮，阿拉丁慢慢走到了地窖裡。這裡除了一盞油燈外，還有許多華麗的珠寶，阿拉丁趕忙抓了一把塞進衣服裡，並吹滅油燈準備返回。

巫師在石門外越等越急，他大喊起來：「你在做什麼？是不是死在裡面了？」等了半晌，巫師一氣之下，施法關上石門，憤然離去。

阿拉丁抱著珠寶和油燈緩緩走到門口，發現石門怎麼推都推不動，他大喊救命，門外卻沒有任何回答。阿拉丁很害怕，他看見了手上的戒指，想起巫師的話，便試探著擦了擦戒指。

突然，戒指上冒出一團青煙，漸漸地，青煙變成了一個巨人。只見巨人大聲說道：「我是戒神，誰戴著戒指我就聽誰指揮，請問你有何吩咐？」

阿拉丁急切地說：「帶我回家！」話音剛落，阿拉丁就到家了。

他把自己的奇遇告訴了母親，母親端起滿是油垢的油燈，用手擦了一下。突然，油燈冒出一股藍煙，藍煙也變成了一個巨人說：「我是燈神，誰擁有了我，我就聽誰吩咐。請問妳想要什麼？」

母親愣了一下，說：「我要一桌豐盛的飯菜。」說罷，眼前立刻出現了一桌宴席。

母親和阿拉丁吃飽後，非常高興。在今後的生活裡，他們想要什麼燈神都能實現，母子倆的日子越來越好。

有一天，阿拉丁聽說國王正在為公主挑選駙馬，就立刻擦亮神燈，求燈神給他一座城堡，讓他成為英俊的王子。燈神照做了，阿拉丁順利地娶了公主。

阿拉丁與公主成婚的喜訊很快在城中傳開，苦悶的巫師也聽到了這個消息，他知道一定是神燈施法的緣故，便決定智取神燈。

一天，魔法師打扮成收舊燈的老人在城堡外吆喝：「收舊燈囉！舊燈免費換新燈！」吆喝聲被公主聽到，她想起丈夫愛不釋手的舊油燈，便吩咐僕人拿去換一盞新燈。

巫師得到神燈，立刻召喚出燈神，氣憤地說：「把公主和城堡搬到非洲，讓公主服侍我！」話音未落，城堡和公主就不見了。

公主失蹤的消息傳了出去，國王大怒，命令阿拉丁速速找回公主，否則格殺勿論。

阿拉丁滿腹憂愁，他問遍了所有人，沒有人知道公主的下落。他急得抓耳撓腮，無意間擦到了魔術師送給他的戒指，戒神再次出現問他有何吩咐。

阿拉丁著急地說：「快幫我把公主和城堡變回來！」

戒神說：「主人，我沒有那麼大的法力，搬不來那麼大的東西。」

阿拉丁說：「那就把我變到公主身邊去。」

瞬間，阿拉丁就到了非洲，見到了心愛的公主。他把神燈的祕密告訴了公主，公主想了想，說：「親愛的，神燈就在巫師手裡，他每天都要我服侍他吃飯，不如我在酒中撒下迷魂藥，將他毒倒，我們奪回神燈。」

就這樣，在一次酒宴的時候，公主用藥酒毒倒了巫師，阿拉丁請燈神把城堡搬回祖國。國王見愛女失而復得非常開心，下令赦免了阿拉丁，並將巫師關入大牢。

小知識：

阿拉丁的故事揭示了人類貪戀慾望的醜陋，告訴我們，只有腳踏實地才能實現理想和願望。

後來，人們常用「阿拉丁」來形容那些思想不切實際的幻想派。

壞脾氣的沒頭腦——最後的巨人歐格

一天，真主阿拉派人類的先知努海來到人間說教，奉勸大家丟下其他信仰，一心信奉真主阿拉。可是人們大多固執己見，不願改變。努海堅持說教了一千多年，人們對他的話仍然置若罔聞。

最後，先知努海勃然大怒，向真主阿拉請求毀滅地球上所有的生命，開創新的世界。

阿拉准許了努海的請求，說：「我要讓地球上洪水氾濫，淹沒所有萬物生靈，只留下我的信徒們。你把握時間造一艘足夠大的船，等到洪水來臨時，讓我的信徒們

都上去。對了，天下所有的飛禽走獸，每種一公一母，也要帶上船，以便繁衍後世。」

努海聽了阿拉的吩咐，心想：「一般的人無法造出足夠大的船，我要去尋找既高大又有力量的人。」

努海走著走著，來到了巨人部落村口，他遠遠看見一個又高又大的巨人正端起一座山，頂在頭上向他走來。

努海趕忙攔住這個巨人，打探道：「請問你叫什麼名字？你是這裡力量最大的人嗎？」巨人說：「我叫歐格，你信不信我放下山把你砸死，給我閃開！」巨人一邊說話，一邊將雙臂伸直，把大山高高舉過頭頂。

努海見狀趕快讓路，心想：「這個巨人太適合造船了。」於是快步追上前去，說：「巨人歐格，你又高大又有力量，如果願意幫助我，你要什麼我都滿足你。」

歐格一聽，半信半疑地回答：「是嗎？我餓了，給我變出一座米山和一座麵山來！」

努海立刻祈求阿拉，很快地，一座米山和一座麵山便從天而降，落在巨人歐格的左右兩邊。

歐格看見如此神奇的場面，立刻丟出手中的大山，坐在米山和麵山中間吃了起來。被他丟出去的大山砸中了矮人部落，矮人種族死傷無數，差點滅絕。

歐格把兩座山統統吃光後，對努海說：「好吧！我相信你了，你要我做什麼？」

努海說：「請你幫我趕製一艘超級大船，能承載千萬人，能抵禦滅世洪災。」

歐格不以為然地說：「這個容易，交給我了。」

壞脾氣巨人歐格果然很能幹，不到三天時間就把大船趕製完成。努海遵照著阿拉的旨意，將信徒集合好送上船，同時將所有物種各挑選一公一母也運送進船艙。

歐格不明真相，問努海：「蠢貨，你這是要幹什麼？」

努海心想：「這個巨人雖然暴躁愚蠢，但是日後還得靠他。」於是對歐格說：「你造船勞苦功高，也上來體驗一下吧！」

歐格剛剛上船，阿拉便降下洪水。眨眼之間，河流決堤，平原山川毀於一旦，萬物生靈全被淹沒。

三十天後，洪水慢慢消退，山頂也緩緩露出了頭。

努海站在船上眺望遠方，他叫來烏鴉，命牠去觀察一下萬物生靈是否滅絕。烏鴉領命後來到一個村落，牠看見遍地的屍體，便忘記了使命，興奮地啄食起來。努海等了很久都不見飛鳥歸來，便祈求阿拉懲罰烏鴉。阿拉遂將烏鴉的羽毛變成了黑色，永遠不得改變。

努海又派鴿子完成烏鴉未完成的使命，鴿子在天空中盤旋，牠看見了突兀的平原上除了草木已經沒有其他生命了，就啄起一片綠葉，飛回船上覆命。努海見鴿子順利完成任務，便求阿拉獎賞牠。阿拉於是賦予鴿子一身聖潔美麗的雪白羽毛。

信徒們紛紛下船來到這片新天地裡，他們生兒育女、種植耕耘，在這裡繁衍生息。

歐格回到巨人部落，看到村子被毀，種族中所有的親人都被洪水奪去生命。他感到自己被努海利用，而害了大家，於是他每天都到信徒們的住所找麻煩，以洩悲憤之情。

歐格到處踐踏莊稼，破壞房屋，傷人害畜。信徒們叫苦連連，紛紛求真神阿拉救助他們。

有一天，巨人歐格頂起一座大山想要一舉摧毀所有信徒時，阿拉出現了，他要懲罰這個壞脾氣大傢伙。

阿拉召喚一隻鐵鳥，向巨人歐格頭頂上的大山衝去，大山被鐵鳥鑽出一個洞，套在歐格的脖子上。阿拉默唸咒語，大山越縮越小，歐格被勒得喘不過氣，暈倒在地上。

阿拉繼續唸咒，直到山縮成一團，把歐格的腦袋擰了下來。

巨人歐格死了，信徒們得到了安寧。

小知識：

脾氣暴躁是最愚蠢卑劣的天性之一，它會讓你的人生倒退一大步，甚至讓你被人利用。

為救慈父委曲求全——帥王子薩林

坎薩哈國的國王是一位勇猛無畏的君主，他走遍了世界上每一個地方，與所有領地上的國王交過手，勝多敗少，勇猛無敵。

有一天，這位國王突然雙目失明，什麼都看不見了。文武百官請來全世界最好的醫生為國王治療眼疾，但都無濟於事。就在滿朝大臣幾乎絕望之際，宮外有一位和尚求見，說能治好國王的眼睛。

侍從們聽了趕緊將和尚請進王宮。

和尚恭敬地說：「陛下，只有取您的馬蹄沒有踏過的淨土，才能治好您的雙眼，使您復明。」

話音一落，大臣們開始犯難，國王已經騎馬征戰了整個世界，哪裡還有和尚說的淨土呢？

這時，國王唯一的兒子薩林起身，堅定地說：「父王，為了救治您的雙眼，我決定獨自出去尋找淨土。」

「我的孩子，你一定要平安回來！」說罷，國王與王子相擁告別。

薩林收拾好行囊後來到馬廄，他一眼就看上了一匹栗色的矮腳馬。薩林一上馬，戰馬便嘶叫一聲，像雄獅一樣奔跑起來。為了盡快找到淨土治癒父親，王子日夜兼程，從不停歇。

一天，薩林騎馬穿過一座城市時，突然被士兵攔下，士兵們將薩林和馬一起帶進皇宮。國王打量了一下薩林，說：「昨晚我做了一個夢，夢中有一位美女說，如果你想擁有我，就叫明天騎馬進城的第一個男子來找我。你剛好是今天第一個騎馬進城的人，我命令你為我找來那位美女，不然就把你斬首示眾！」

薩林領命後，愁眉不展地自言自語道：「我該怎麼辦呢？」

這時，他的矮腳馬說話了：「王子，不要怕，請聽我說。一千里外有一個蘇桑

花園，你到那裡折下七枝帶刺的玫瑰枝。第二天黎明，那位美麗的女孩就會在花園裡刺繡。你從後面悄悄靠近她，一把揪住她的長髮，然後用帶刺的玫瑰枝抽打她，直到她說『夠了』，就把她帶走。另外，女孩繡花架下的土地沒有被國王的馬蹄踩踏過，您可以取那裡的土為國王治病。」

薩林沒有多想，聽了矮腳馬的話，趕到蘇桑花園，砍下帶刺的玫瑰枝。第二天黎明，薩林看見一位美女正在專心地刺繡，婀娜的背影和飄逸的長髮，簡直美麗極了。王子悄悄靠近女孩，一把抓住女孩的長髮，用帶刺的玫瑰枝抽打她。終於，女孩說：「夠了，勇士，我願意為你獻出一切。」王子抓了一把繡花架下的土包好，便帶著女孩回宮了。

國王見到美麗的女孩，樂得合不攏嘴，說：「正是我夢中的那個美人！美女，妳想要什麼我都能滿足妳。」

女孩回答：「你又老又醜，我才不要和你在一起。七海彼岸有一匹我養的母馬，用母馬的奶洗澡可以保你青春不老，請帶我來的勇士把馬牽來吧！」

國王又向薩林下了命令，薩林苦不堪言地走到矮腳馬身旁說：「我該怎麼辦？」

矮腳馬說：「你去取四十張牛皮，一層層裹在我的身上。我們一到海邊，你就藏起來。我一呼叫，海裡的河馬就會和我廝打，牠會不停地撕咬我身上的牛皮，撕到第四十張牛皮時，牠就累了，到時請你立刻騎上牠的背，牠會帶你去島上找尋母馬。」

薩林按照矮腳馬的吩咐，順利地完成了取馬任務，回宮覆命。

美女看到母馬被帶回，說：「陛下，讓帶我來的那位勇士戴上我的頭巾為母馬擠奶吧！頭巾上有我的氣味，母馬會很順從的。」

國王再一次向薩林下了命令，薩林很快便把奶擠好交給了國王。國王興奮地跳進馬奶桶，突然間皮開肉綻，不一會兒，桶中就只剩下一堆骨頭了。

薩林看得目瞪口呆，這時女孩說：「王子，我本是七海彼岸的一位仙女，知道你為救父親不辭辛苦，才特意來考驗你。我對你百般刁難，你卻忍辱負重委曲求全，你的精神打動了我，我立刻施法送你回去。」

一轉眼，薩林和矮腳馬回到了坎薩哈國。和尚把王子帶來的土抹到國王的眼睛上，唸了幾句經文，奇蹟出現了，國王的雙眼立刻復明，就像星星一樣明亮。

國王決定從此安度晚年，將王位讓給了王子薩林。薩林稱王以後，坎薩哈國再也沒有發生戰爭，成為了最和平的淨土。

小知識：

羊有跪乳之恩，鴉有反哺之義。只有孝敬父母的人，才能收穫真正的幸福。

擺脫愚癡，一舉成名——學術大師哈曼丁

哈曼丁出生後不久，父親就去世了，母親靠打零工養育他。由於家裡沒錢，哈曼丁沒上過學，整個人顯得愚鈍憨厚，長大後只好靠砍柴為生。

有一天，哈曼丁上山砍柴，突然天降大雨，他趕忙跑到附近的山洞裡避雨。看著洞外的雨，他感到十分無聊。他用斧子東敲西敲，忽然，山壁被他敲出一個洞。哈曼丁將大半個身體伸入洞中想看個虛實，突然腳下一滑，整個人掉進了洞裡。

洞中漆黑一片，哈曼丁大聲呼救，可是除了回音，什麼也沒有。他癱倒在地上，非常絕望。這時，一隻蠍子從牆壁的縫隙鑽進來。哈曼丁趕忙走過去，仔細打量，發現牆壁的縫隙透出一絲光線，於是他抽出斧子，對準縫隙一陣猛劈。縫隙被砍成窗戶大小，哈曼丁便爬了出去。

順著蜿蜒的小路，哈曼丁走到一個大湖旁。湖水碧波蕩漾，湖旁的小山由金銀珠寶堆砌而成，光芒奪目。哈曼丁感覺自己如置身仙境一般，不知不覺躺在湖邊睡著了。

忽然，哈曼丁聽見一陣嘶嘶沙沙的響聲。他睜眼一看，湖中蕩漾的碧波變成了一條條青色

小蛇，密密麻麻，數不勝數。不一會兒，湖心中央緩緩浮起一條大蛇，大蛇頭頂一個金燦燦的圓盤，盤中坐著一位水晶般璀璨的人面蛇。

人面蛇慢慢來到哈曼丁面前，說：「年輕人，歡迎你到蛇國。我是蛇女王，你叫什麼名字？」話音剛落，岸邊出現一隊蛇，牠們頂著各種水果向哈曼丁走來。

哈曼丁有些不知所措，說：「我叫哈曼丁。」

蛇女王親切地說：「你一定餓了，快吃點東西吧！」

哈曼丁確實餓了，他抓起水果狼吞虎嚥地吃了起來。

蛇女王等哈曼丁吃飽後，開始與他交談。

蛇女王問道：「哈曼丁，你從哪裡來？為什麼來蛇國？」

哈曼丁對蛇女王充滿信任，將自己砍柴養家的貧苦身世說了出來。

「你放心，這裡金銀成山，夠你享用一輩子，請你在蛇國放心的生活下去吧！」蛇女王說。

「謝謝您，女王。」哈曼丁很感激蛇女王對他的關照。

哈曼丁在蛇國生活了幾天，他衣食無憂，經常幫助小蛇們做事，群蛇都很喜歡他。有一天，哈曼丁看見一條母蛇在生產，他觸景生情，想起了自己的母親，心裡很難過。於是，他決定向蛇女王告別，返回故鄉。

「親愛的哈曼丁，請你保守祕密，絕不能讓別人知道我的住處。」蛇女王說。

「我發誓保守祕密。」哈曼丁信誓旦旦地說。

女王相信了哈曼丁，送給他一些華麗的珠寶，並派小蛇送他回家。

一到家，哈曼丁快步上前抱住了母親。母親見兒子回來了，哭著大喊：「孩子！你知道我多擔心你嗎？我以為你被狼吃了。」

哈曼丁安撫著母親，並掏出蛇女王贈送的珠寶，把自己的奇遇講給了母親聽。

哈曼丁用蛇女王送給他的珠寶買了大房子，為母親請了傭人，還做起了生意，搖身一變成了富商。

一天，哈曼丁家的傭人偷聽到他們母子的談話，蛇國的祕密漸漸被洩漏出去，傳到了王宮裡。宮中一位占卜師對國王說：「陛下，如果能吃到蛇王肉，您就可以長命百歲。」國王聽了之後非常興奮，下令把哈曼丁抓來。

哈曼丁被帶進皇宮，國王強迫他說出蛇國的祕密，哈曼丁硬是一言不發。國王拿出金銀珠寶和美女進行誘惑，哈曼丁依然守口如瓶。國王大怒，吩咐士兵抓來哈曼丁的母親，哈曼丁萬般無奈，只好答應國王，把蛇女王抓來獻給他。

哈曼丁來到山上，跳進黑洞，順利到達蛇國，找到蛇女王，把傭人洩密、國王威逼的事情告訴蛇女王。

哈曼丁說：「女王，對不起，我沒能遵守諾言，我很慚愧。」

蛇女王嘆了口氣，說：「這不怪你，不過我有幾句忠告，請你聽清楚。你把我帶回宮，親自把我切成同等大小的四段，然後放到鍋中煮。第一次浮沫一定用勺子舀出來倒掉，因為那是我的毒素，吃了以後會中毒身亡。第二次浮沫後，你把它們舀出來自己喝掉，你會得到世上最珍貴的寶貝。喝完之後將蛇肉送給國王吃，吃了我的肉，可以長命百歲。」

「女王，妳肯把世上最珍貴的寶貝留給我，我很感激。」哈曼丁一邊哭，一邊把蛇女王帶回皇宮。

他按照蛇女王的吩咐，小心翼翼地烹飪著蛇肉，將第一次浮沫倒掉，自己喝下第二次浮沫，然後盛好蛇肉，向王宮走去。

路上，他仰望天空，一眼便看穿了七層天。銀河宇宙中各種複雜的天象彷彿都在他眼前，他感覺自己瞬間通曉世間萬物。

國王吃了蛇肉，面色變得紅潤，精神一天比一天好。他放出了哈曼丁的母親，並重重地獎賞了母子兩人。

哈曼丁喝了蛇王湯後，智慧受到了啟迪。變成了精通天文、地理、煉金、醫術的學術大師。他常說：「世上最珍貴的寶貝就是智慧。」

小知識：
人的智慧不是一個器皿，等待別人去填滿；而是一塊可以燃燒的煤，有待於別人去點燃。

芝麻開門——
阿里巴巴和四十大盜

阿里巴巴住在波斯古國的一座小城裡，他每天以砍柴為生，養活妻子和僕人。

有一天，阿里巴巴砍好柴準備下山時，看見一行人馬氣勢洶洶地上山來。他想：「莫非遇見了強盜？還是保命要緊！」於是，他把驢趕到樹叢裡，自己爬上了一棵大樹。

大隊人馬走到阿里巴巴所在的樹下，其中一個匪徒下了馬，取下裝滿金幣的袋子。這時，一個頭領模樣的人將沉甸甸的袋子接過去，走到樹叢裡的一塊大石前，喃喃自語道：「芝麻，開門吧！」

話音剛落，石門自動打開。頭領走進洞裡，片刻之後便走了出來，他轉身對著大門又說了一句：「芝麻，關門吧！」大門即刻自動關閉。

這一切都被躲在樹上的阿里巴巴看在眼裡。他數了數，一共四十人。阿里巴巴等這夥人走得無影無蹤後，才從樹上下來。

他跑到石門前，試探著說：「芝麻，開門吧！」

石門果然打開了，阿里巴巴小心翼翼地進去一看，洞中堆滿了金銀珠寶。阿里巴巴確信這夥人一定是打家劫舍的強盜，於是他用毛驢馱上滿滿一袋金子，走出山洞。在離開之前，阿里巴巴又學著強盜頭領的樣子說：「芝麻，關門吧！」石門便緊緊閉合了。

阿里巴巴回到家，把自己的發現告訴了妻子和女僕瑪麗娜，並把一部分金幣分發給窮人們。

四十個強盜照常來到山洞中存放搶得的財寶，突然發現金幣少了一些。強盜頭領知道有人來過，便派一名強盜去城中打探。結果探聽到一個叫阿里巴巴的人意外暴富，並把金幣分給窮人的事情。他找到阿里巴巴的家，用白粉筆在牆上做了記號，隨後返回山洞報告頭領：「我已經找到偷金幣的人，我在他家牆上做了記號，明天我們就去殺了他。」

第二天一早，女僕瑪麗娜出門，看見自家牆上有個怪異的記號，心生疑惑。為了防止有人加害主人，她找來白粉筆，在每家每戶的門口都畫上了同樣的記號，並觀察城中有何動靜。不久，強盜們就衝進小城。當看見每家都有記號時，強盜頭領十分生氣，一刀殺了做記號的盜賊。這一幕也被瑪麗娜看在眼裡，她知道主人盜寶的事被強盜們發現了，決定暗中保護主人。

強盜頭領又吩咐一名盜賊繼續到城中打探，他也找到了阿里巴巴的家。這次他用紅粉筆在阿里巴巴家門前做了記號，並回去覆命。女僕瑪麗娜見狀，趕快找來紅粉筆，給每家每戶都畫上了同樣的記號。當強盜們衝進城時，發現計畫再次失敗，頭領氣急敗壞，一刀砍了做記號的盜賊。

強盜頭領深思熟慮後，他決定親自到城中打探，很快就打探到了偷寶人是阿里巴巴。於是他回到山洞，吩咐其餘三十七個盜賊每人準備一個油罈，並全副武裝鑽進去，頭領則打扮成賣油的商人，藉機到阿里巴巴家借宿。等到夜晚，頭領就呼叫弟兄們一起來殺死阿里巴巴。

就這樣，頭領趕著一輛馬車，拉著三十七個油罈來到阿里巴巴家門口。頭領敲門，來開門的正巧是阿里巴巴。頭領提出借宿的請求，阿里巴巴欣然同意，並吩咐瑪麗娜給商人安排房間。

晚上，瑪麗娜見自己房間的油燈不亮了，便去取油。她看見商人的油罈放在院子裡，想就近取一些。她的腳步剛一靠近油罈，裡面就發出了聲音：「頭領，現在動手嗎？」

瑪麗娜驚慌之時又努力保持鎮定，她想：「那個商人一定是想殺害主人的盜賊。」於是，瑪麗娜依次對著三十七個油罈說：「沒到時候，不要出來。」說完，瑪麗娜跑進廚房，燒了一大鍋熱油，然後盛起滾燙的熱油，向三十七個油罈澆去，油罈中的盜賊被一個個燙死了。

半夜，強盜頭領看時機成熟，便到院子裡對著油罈說：「兄弟們出來吧！」油罈毫無動靜。他打開蓋子一看，三十七個弟兄全被熱油燙得面目全非，無一生還。頭領驚恐萬分，連夜逃回山上。

為了不讓主人擔心，瑪麗娜偷偷處理了屍體，暗自盤算：「四十個大盜現在只剩一人了，想必他不會罷休，我要繼續保護主人。」

強盜頭領逃回山洞，他不甘心失敗，便化了妝回

到城裡，在阿里巴巴家對面做起生意，試圖接近阿里巴巴。慢慢地，他和阿里巴巴成了朋友。

一天，頭領對阿里巴巴說：「老兄，請我到你家坐坐吧！」熱情好客的阿里巴巴同意了。阿里巴巴吩咐女僕：「瑪麗娜，今天有客人，多備些菜！」瑪麗娜上下打量著所謂的客人，她一眼就看見客人小腿上藏著短刀。瑪麗娜故作鎮定地走到廚房準備晚宴，心想：「一定是那最後一個強盜來害主人了，我必須阻止這一切。」想著想著，瑪麗娜有了主意。

晚飯過後，瑪麗娜穿著華麗的舞裙出現，她說：「今晚有客人，我為大家跳支舞吧！」阿里巴巴和頭領拍手稱好。

瑪麗娜優美地旋轉著，當頭領被舞姿深深吸引時，瑪麗娜突然從腰間拿出一把尖刀，直插頭領心窩，然後拆下強盜的包頭說：「主人看看他是誰！」

阿里巴巴定睛一看，這不是喊「芝麻開門」的強盜嗎？接著，瑪麗娜把事情的原委一五一十告訴了阿里巴巴，阿里巴巴恍然大悟，非常感激沉著勇敢、聰穎智慧的女僕瑪麗娜。

小知識：

阿里巴巴和四十大盜的故事出自《天方夜譚》，後被改編成動畫電影熱播。那句「芝麻開門」也成了耳熟能詳的流行語。

非同一般的體驗——神奇的魔術師阿明

巴格達城的宰相府內住著一位魔術師，他足智多謀，經常為宰相排憂解難，深受宰相的尊敬。

有一天，哈里發與文武百官在王宮中飲酒聊天，大將軍努布林提議道：「聽說宰相大人家中有一位魔術師，法術高深莫測，不如請來為大家表演助興吧！」

哈里發非常好奇，當即應允。

過了不久，宰相便把魔術師阿明帶到宮中。

阿明恭敬地拜見哈里發：「虔誠信徒們的君主，請問您要我表演什麼魔術？」

哈里發說：「希望你能給我非同一般的體驗。」

阿明答道：「遵命！但要請侍衛們拿來一個浴盆和一件圍裙。」

說罷，侍衛們抬來一個寬大的浴盆和一件圍裙。只見阿明口中唸唸有詞，向盆中一指，浴盆瞬間盛滿了清水。

阿明說：「請努布林大人脫光衣服，穿上圍裙，坐到盆中央。」

大將軍努布林脫下衣服，換好圍裙。可是他剛一坐進浴盆，就忽然感覺自己置身一片汪洋，於是拼命掙扎，最終狼狽不堪地爬到岸邊。

努布林站起身，上下打量著自己，卻發現自己變成了一個女人。

他仰天大叫：「真主啊，我堂堂一個大將軍怎麼變成弱女子了！」

這時，迎面走來一位漁夫。漁夫看見努布林，興奮地叫嚷著：「萬能的真主啊！謝謝您送來一位仙女，我要與她結為夫妻。」說完，漁夫抱起努布林，跑回家中。

就這樣，變成女人的努布林大將軍與漁夫生活了整整八年，他還為漁夫生了七個孩子。每次分娩的時候，他都忍受著異常的痛苦和折磨。努布林想：「我寧願投入大海淹死，也不願再受苦了。」於是，他快步跑向大海，翻滾的巨浪很快將他淹沒。

努布林睜眼一看，發現自己呆呆地坐在浴盆裡。

哈里發見努布林睜開了眼，問道：「大將軍，你感覺怎麼樣？」

努布林走出洗衣盆，回想起之前發生的一切，不由得苦笑了一下，說：「尊敬的大人，魔術師的魔法真是名不虛傳。剛才，我體驗了一場從來沒有過的感受，見到了一生中見所未見的奇景。」

努布林的話音剛落，哈里發就迫不及待地脫光衣服，穿上圍裙，跳進盆中。他感覺自己在一片祥和壯闊的大海中暢遊，不知不覺，哈里發來到岸邊。

他上岸後也開始打量自己，發現自己竟然赤裸裸地站在太陽下。

哈里發仰天大叫：「真主啊，我堂堂一個君主，怎能讓我如此難堪！」找不到衣服，哈里發只好往前走。他走啊走，終於來到一座城市。一家飯館的老闆對赤身裸體的哈里發說：「你可以在我這裡打工，我會賞你衣服和飯菜。」赤裸而飢餓的哈里發立刻答應了。

哈里發每天在這家飯館裡刷碗，做得不好還會受到老闆的打罵。

一天，哈里發看見街上販賣珠寶的商人，就暗自盤算：「我受夠了刷碗這種低俗的工作，也挨夠了飯館老闆的打罵。不如我幫商人代賣珠寶吧！」於是，哈里發趕忙跑進販賣珠寶的隊伍中。

一位商人手中托著一件閃耀著金色光芒的珠寶，哈里發從沒見過有這種光澤的寶貝，便決定代賣。

他托著寶貝叫賣著，並且找到了一位肯出十萬第納爾的顧客。顧客接過寶貝仔細端詳，突然衝著哈里發大喊：「這哪是什麼寶貝，分明就是雄黃！你這個騙子！」叫喊聲招來了很多百姓，大家對哈里發指指點點，有人說他是賣假貨的騙子，還有

人報了官。

官兵很快趕到，將哈里發五花大綁後拉去見蘇丹，蘇丹不管三七二十一，便下令處死哈里發。哈里發被帶到絞刑架下，他回想起發生的一切，淚流滿面地說：「真主啊！我曾身為哈里發，最後竟被誣陷為騙子，天理何在啊！」

官兵將他的脖子套上繩索，向上一拉，哈里發頓時感覺渾身一涼。等他睜眼一看，發現自己竟然坐在浴盆裡。哈里發立刻跳出浴盆，跑到皇位上。

大將軍努布林好奇地問道：「陛下，您是否也變成了女人，之後嫁給了漁夫，為他生了七個孩子呢？」

哈里發感慨說：「我的遭遇更加離奇。」接著，他把自己的奇遇講給滿朝文武聽。講完之後，他說：「這是一次最好的體驗，我不僅感受到了百姓的生活，而且還親身體會了被誣陷的滋味。」

最後，哈里發送給魔術師阿明一件刺繡長袍，並封他為國師，留在宮中輔佐自己。

小知識：

沒有智慧的頭腦，就像沒有蠟燭的燈籠；沒有勇敢的氣魄，就像沒有汽油的車。能在特殊場合運用巧妙的方法達到目的，才算是智勇雙全的高人。

公主犯錯也受罰——不徇私情的克里姆

有一對兄弟在城外種植了一片果園，以販賣果實為生。每當夜幕降臨，弟弟總會抱著心愛的木琴，來到蘋果樹下，對著月亮彈奏。而哥哥一邊料理家務，一邊欣賞著弟弟優美的琴聲，感到無比輕鬆快樂。

某天，一位會魔法的仙女坐著樹墩從兄弟倆的果園上空路過。她被動人的琴聲深深吸引，就降落在弟弟面前。弟弟被眼前這位美麗的仙女嚇呆了，坐在那裡一動不動。

只見仙女客氣地說：「我是魔薩國的公主，很喜歡你的琴聲，你願意每天為我彈奏嗎？」

弟弟回過神來，說道：「我每晚都會坐在此處彈琴，如果妳喜歡，歡迎妳來這裡。」

公主眼珠一轉，從兜裡掏出一個香水瓶，說：「我這有瓶香水，你聞一聞。」

弟弟接過香水一聞，立刻靈魂出竅。公主把他的靈魂塞進香水瓶裡，把冰冷的身體靠在蘋果樹下，迅速坐上樹墩，飛上天空。

哥哥在家中等啊等，整整一夜過去了，還是不見弟弟回來，只好跑到果園裡尋找。

藉著月光，哥哥看見蘋果樹下有弟弟的身影。走近一看，只見弟弟安詳地閉著眼睛，臉色

紫青。哥哥急忙抱住弟弟，發現弟弟的身體冷若冰霜。他把手放到弟弟鼻子旁，發現弟弟已經沒有呼吸；又把耳朵貼在弟弟胸前，也聽不到心跳聲。哥哥大哭起來，他知道弟弟已經永遠地離開了他。

哭罷多時，哥哥只好將弟弟的屍體背回家，埋葬在後院中，每天為弟弟祈禱。

一天夜晚，哥哥隱隱約約聽見後院傳來一陣悠揚的琴聲，這琴聲非常熟悉，就像是弟弟彈奏的。哥哥定了定神，躡手躡腳地來到後院，眼前的一幕把他嚇住了。他看見弟弟的靈魂坐在自己的墓地前彈琴，對面的大樹墩上坐著一位仙女，等弟弟演奏完，仙女就掏出一個小瓶子，把弟弟的靈魂裝進去，然後乘坐著樹墩飛向空中。

哥哥簡直不敢相信自己的眼睛，他定了定神，心想：「弟弟一定是被妖女騙取了靈魂，我必須救活他。」

第二天晚上，哥哥背著弓箭，埋伏在後院的草叢裡。過了一會兒，一個大樹墩從天而降，樹墩上的仙女掏出小瓶一吹，弟弟的靈魂就飄了出來。這時，哥哥彎弓搭箭，對準仙女射了一箭。仙女的小腿被射中了，她忍住疼痛，收起弟弟的靈魂，乘坐著樹墩迅速地逃離了。

哥哥站起身來，看見地上有斑斑血跡，便決定順著血跡的方向去找偷走弟弟靈魂的妖女。

哥哥買了一頭駱駝，整理好行囊，以血跡為指引，走過了一座又一座城，終於來到了魔薩王國。只見血跡消失在魔薩國王的城堡前，哥哥斷定那個女妖肯定是王宮中的人。

於是，哥哥對守門的侍衛說：「我有驚人的事情要告訴國王。」

國王召見了他，問道：「小伙子，你有什麼事情要告訴我？」

哥哥將弟弟離奇死亡，妖女藏匿宮中的事情告訴了國王。

善良的國王說：「你放心，我為人一向正直不阿，一定幫你查清這件事。」

國王召集了城堡中所有的女人，從皇后到女傭，從嬪妃到奶娘，唯獨公主沒有出現。國王檢查了所有女人的腿，沒有一人負傷。

最後，國王帶著哥哥來到公主的寢宮，說：「女兒，讓我看看妳的腿。」

公主知道事情無法隱瞞，只好交出裝有弟弟靈魂的香水瓶，低頭認錯。

國王說：「孩子，妳用法術奪取了別人的性命，是要受到嚴厲懲罰的！」

說完，他命令侍衛將公主關進牢房。

接著，他將香水瓶轉身交給哥哥說：「小伙子，我為人一向公正，公主犯法與庶民同罪。這是你弟弟的靈魂，回家後請你對著屍體唸這句咒語，他的靈魂就會回到身體上。」說著，國王用樹葉寫下咒語，交給哥哥。

哥哥對正直善良的國王表示感謝後，回到家，按照國王傳授的咒語救活了弟弟。

小知識：

不徇私情意味著堅持正確的理念、支持對的人，不論對誰，都能一視同仁。

除惡揚善的三尺漢——

醜男戛巴

阿拉伯的王子艾麥尼非常喜歡打獵，他總是一個人出入深山老林，並且常常滿載而歸。

一天，艾麥尼背起弓箭，向灌木叢中走去。走了不久，他發現一隻白色的野兔，便拉滿弓，瞄準野兔，放了一箭。誰知艾麥尼不僅沒有射中野兔，他的箭也消失在野兔身前。艾麥尼感到非常吃驚，於是他一路追隨著野兔，想看個究竟。

野兔竄來竄去，在一棵蘋果樹下停住了腳，艾麥尼也跟了過去。這時，野兔突然變成了一位漂亮的女子，向艾麥尼行了禮，說道：「王子殿下，我是森林之神的女兒，我叫菲麗兒。我注意你很久了，想做你的妻子。」

艾麥尼對菲麗兒一見鍾情，立即將她擁在了懷中……

一陣纏綿過後，菲麗兒在蘋果樹上敲了三下，樹皮立刻變成一扇木門，她拉著艾麥尼走了進去。門裡是一所奢華的房子，客廳金碧輝煌，臥室粉紅溫馨。在這裡，艾麥尼與菲麗兒幸福甜蜜地度過了許多日子。

轉眼間，半年過去了。

一天，艾麥尼溫和地對菲麗兒說：「親愛的，我離開家太久了，很擔心父王，我想回家看看，請妳相信我，我一定會回來的。」

「你真是個善良的好人，我相信你。但也請你保守我們的祕密，不要讓別人知道我以及這所房子的事，否則會大禍臨頭的。」菲麗兒殷切地囑託道。

艾麥尼點點頭，表示銘記在心。

臨行前，菲麗兒將一把鑲滿鑽石的寶劍親手掛在丈夫的腰間，目送他離去。

艾麥尼回到王宮，立即直奔父王的寢宮。

國王見朝思暮想的兒子回來了，一把抱住了他，激動地說：「我的孩子，你去什麼地方了？為什麼這麼久才回來？」

「父王請放心，我這些日子住在一個非常安全的地方，生活得很幸福。」艾麥尼保守著與菲麗兒的祕密。

國王注意到艾麥尼腰間的鑽石寶劍，但並沒有多問什麼，只是關切地說：「嗯，你能回來看我，我就知足了。」

艾麥尼在王宮中住了三天後，就回去找菲麗兒了。就這樣，他每隔一個月就會回王宮看望父王一次。

國王的警惕心很高，他每次都試圖打探兒子住在哪裡、都做些什麼，但艾麥尼總是閉口不談。而且，每次兒子回來，他的腰間都佩戴著鑲滿鑽石的華麗寶劍。國王越想越不踏實，擔心兒子暗中謀權篡位。於是，他將艾麥尼關進大牢，並派女巫去打探消息。

女巫用水晶球看到了王子的祕密，她虛張聲勢地對國王說：「陛下，王子在森林裡娶了一個萬能的仙女，並準備了千軍萬馬，密謀要殺害您！」

國王聽後勃然大怒道：「這個不肖之子，我該怎麼處置他？」

「陛下，您只需運用小小計策，就能抓住王子和仙女。」女巫奸笑道。

國王低下頭，聽了女巫的計畫，連連點頭。

第二天，國王對艾麥尼說：「聽說你在森林裡娶妻了，如果你想和她永遠在一起，就答應我一個條件。」

艾麥尼非常想念菲麗兒，他急切地說：「父王，您說吧！我答應您一定做到。」

「我要你們幫我找一個人，這個人身高三尺，但鬍子有三十尺長，面目醜陋，拿著一根鐵棍當武器。我要你們三天之內將這個人找來，否則就砍了你們的頭。」國王提出了要求。

無奈之下，艾麥尼只好答應了父王的條件。他垂頭喪氣地回到菲麗兒身旁，把父王與他的約定告訴了菲麗兒。

菲麗兒溫柔地說：「親愛的，父王一定是聽信了小人的讒言。不過，我找到了父王要的人，他就是我的哥哥戛巴。」說著，她走到火爐前，對著爐火輕輕一吹，叫道：「哥哥！」

艾麥尼一看，頓時驚呆了。這個小人僅三尺高，鬍子卻足足有三十尺長，面貌醜陋，手裡拿著一根鐵棍。

「這正是父王要找的人啊！」他驚叫道。

「你是誰？找死嗎？」戛巴兇狠地盯著艾麥尼。

「哥哥，他是我的丈夫……」菲麗兒將他們被人陷害而被迫與國王達成約定的事告訴了戛巴。

「那我們趕快出發吧！」戛巴說完，三個人立刻啟程，趕回王宮。

一路上，戛巴的外貌嚇跑了很多百姓，就連宮中侍衛也不敢阻攔。他們來到國王面前，國王見了戛巴，嚇得直哆嗦。

「父王，今天是第三天，我們找到了您要的人。」艾麥尼說道。

國王用手捂住了臉，嚇得不知所措，連話也不敢說。

戛巴怒氣沖沖地喊道：「你這個懦夫！是誰讓你這麼做的？」

國王從指縫中看了一眼女巫，戛巴二話沒說，就用手上的鐵棍一下就敲死了女巫。艾麥尼沒攔住，戛巴又把國王敲死了。

戛巴指著大臣們說：「他們陷害忠良死有餘辜，現在由艾麥尼王子即位，今後你們如果不分好歹虛張聲勢，別怪我不客氣！」

就這樣，艾麥尼當上了國王，菲麗兒做了王后。而醜男戛巴則住在王宮的閣樓裡，每天監督大臣們工作。

從此，宮中再也沒有奸臣小人，大臣們個個赤膽忠心，為國為民。

小知識：

阿拉伯民族一向具有勇敢與冒險精神，令人欽佩；同時，那些不畏勞苦、追求幸福的愛情，也令人感動。

我很醜但我很溫柔——
贏得美人歸的猴王子

阿爾森國的國王娶了七個老婆，其中六個年紀較大的妻子為國王生下了六個男嬰，只有年紀最小，也是她們當中最美麗的小老婆瑞妮生下了一個怪胎。這個男嬰人不像人、猴不像猴，渾身長滿棕色的毛髮，其他六個老婆都嘲笑他是「猴王子」。日子一天天過去，孩子們也一天天長大，國王對猴王子越看越不順眼，於是給了瑞妮一筆錢，將他們母子兩人趕出了王宮。

瑞妮帶著孩子來到小鎮上，他們租了房子，過起了平民百姓的生活。猴王子非常喜歡到深山老林裡玩耍，一天，他在森林中遇見了一個慈祥的仙人。仙人見猴王子非比尋常，便收他為徒，將自己淵博的學識與一身好武藝毫無保留地傳授給他。猴王子在仙人的教導下，慢慢變成了一個能文能武的青年。

鄰國的蓋斯國王正在為自己美麗的獨生女兒魯耶娜挑選丈夫。魯耶娜的美貌舉世無雙，前去求婚的人絡繹不絕，但魯耶娜誰也看不上，她對國王說：「父王，我想把自己交給最強壯、最勇敢的男人，這樣才有安全感。」

於是，蓋斯國王吩咐鐵匠鑄造一個重達八百斤的鐵球，並昭告天下，誰能舉起這個鐵球，就可以娶我的女兒為妻。

消息很快就傳了出去，阿爾森國的六個王子躍躍欲試，他們都想娶漂亮的魯耶娜為妻，同時繼承蓋斯國王的王位。他們收拾好行囊，騎上快馬，向求婚現場奔去。猴王子從鎮上的百姓口中得知了此事，他跑到森林中找仙人，說他也想去向魯耶娜求婚。

仙人十分同情猴王子，就用法術剝掉了他的猴皮，猴王子頓時變成一個古銅膚色的俊朗青年。仙人還變出了華麗的王子服裝和武器，以及一匹黑色的千里良駒，並囑咐道：「這身猴皮不能永久地脫掉，一旦有異性接近你，它就會重新回到你身上。」

猴王子騎著仙人送的千里馬，很快就追上了他的六位哥哥。其中一位哥哥指著他說道：「快看！這個騎黑馬的青年，真是英氣逼人啊！」

「他不僅穿著華麗，就連身材也那麼好，一定是個貴族。」另一位哥哥說。

聽著他們的話，猴王子回過頭微微一笑，快馬加鞭超越了他們，很快就沒了蹤影。

猴王子提前趕到城門外，他故意接近一名女性，讓自己恢復了猴子的模樣，等著六位哥哥的來臨。一天後，六位哥哥如期而至，他們剛搭好帳篷，猴王子就走了過來。

一位哥哥抽了他一個嘴巴，惡狠狠地說：「妖怪，你怎麼也來了？」

「哥哥們好，我……」

沒等猴王子把話說完，另一個哥哥又打了他一個耳光，輕蔑地說：「就憑你也想娶到公主？別做夢了！趕快為我們準備晚飯！」說完，六位哥哥騎上馬，向王宮走去。

猴王子脫下了猴皮，來到城中最豪華的飯館，吩咐夥計為城外的六位王子做一頓豐盛的晚餐，並支付了十個金幣。安排妥當後，他便騎上黑馬，走向王宮。

猴王子來到王宮的花園中，看到無數王公貴族圍著一個巨大的鐵球，他們一個接一個地嘗試著舉起鐵球，但誰也沒有辦法挪動它，這其中也包括他的六位哥哥。

魯耶娜穿著聖潔的白紗裙，坐在國王的身旁，觀看著求婚者的比試。這時，站在場邊的猴王子吹了一聲響亮的口哨，魯耶娜瞪大了眼睛，頓時心跳加速，兩腮緋紅。她被猴王子烏黑而深邃的眼睛深深迷住，根本不想再看其他人。魯耶娜指著猴王子，對國王說：「父王，我敢斷定，他能夠舉起鐵球。」國王順著女兒手指的方向看過去，見黑色的駿馬上坐著一位服裝華麗、英姿颯爽的青年。於是他喊道：「這位王子，如果你能舉起鐵球，我就把女兒許配給你！」

猴王子下了馬，向國王和公主行了禮，然後慢慢走到鐵球旁邊。他用仙人所教的武藝，輕鬆舉起了鐵球。在場的貴族們一片譁然，猴王子的一位哥哥喊著：「這不是路上遇見的那位黑馬王子嗎？他真厲害！」

國王驚訝地張大了嘴巴，公主魯耶娜喜極而泣，她跑下看臺，撲進猴王子的懷裡。頓時，猴王子長出了一身棕色的猴毛，把在場的所有人都嚇了一跳。

國王驚叫著：「這是怎麼回事？你給我說清楚！」

「陛下，公主，我要向你們說出事實。」於是，猴王子將自己的身世全盤托出。

他的六位哥哥聽後，哈哈大笑道：「你根本不是什麼黑馬王子，你就是個獼猴！」

「不行！公主不能嫁給你這個妖怪！」國王怒斥道。

「父王，」公主緊緊地握著猴王子的手說，「他的眼神真誠而堅定，我非他不嫁。而且他剛才舉起了鐵球，您也該履行您的諾言。」

國王無言以對，只好答應了他們的婚事。這時，猴王子帶著魯耶娜來到六位哥哥面前，恭敬地說：「哥哥們，這是我的妻子魯耶娜。」

「哥哥們好。」魯耶娜向他們行了禮。

晚上，六位哥哥回到帳篷中，看到一桌豐盛的飯菜，他們被猴王子的善良與真誠所打動，於是化干戈為玉帛，成了無話不說的好兄弟。第二天，猴王子帶著魯耶娜返回家中。聽了他們的故事後，母親瑞妮淚流滿面，並為他們準備了簡單的婚禮。

小知識：

有了善良的本性和真誠的心靈，才能放下虛偽的自尊心，學會包容別人，獲得屬於自己的真愛。

忘恩負義的下場——
貪財的阿卜杜拉

坎薩城有一位德高望重的僧人，他經常雲遊四海，到處結緣。

一天，他來到達米爾城的一戶母子家中化齋，婦人燒了一手好菜，熱情地招待了他。僧人感覺自己無以為報，便說：「施主，我看妳家中並不富裕，要想把孩子帶大很不容易，如果妳放心把孩子交給我，我會像待親兒子一樣待他。」

婦人聽後，十分感激地說：「謝謝您，我的兒子叫阿卜杜拉，希望他能跟著您學些本事，有所出息。」

就這樣，僧人帶著阿卜杜拉離開，向著北方前行。一路上，僧人對阿卜杜拉關愛備至，教了他許多知識，啟迪他的智慧。幾天後，他們走到一座小山前，僧人指著一扇石門對阿卜杜拉說：「孩子，你進到石門裡，什麼都不要拿，只要拿一個燭臺就好，它是裡面最珍貴的。」

阿卜杜拉點點頭，僧人口中唸著咒語，石門自動打開。阿卜杜拉探頭探腦地走進去，很快就到了洞底。他驚訝地瞪大了眼睛，這裡的金銀珠寶堆成了小山，爍爍放光。阿卜杜拉無法抵禦誘惑，他把僧人的話拋到腦後，大把大把地抓起金幣，塞滿自己的口袋。這時，石門突然閉

合，洞中一片漆黑，只有燭臺發出了微弱的光芒。阿卜杜拉慌忙地抓起燭臺，在洞中尋找著出口。找著找著，他發現一條隧道，便走了進去。走到了盡頭，阿卜杜拉驚奇地發現，他竟然走回了達米爾城。

阿卜杜拉興高采烈地跑回了家，將自己與僧人的故事告訴了母親。他最後說道：「僧人要我除了燭臺別拿其他寶貝，看來他是想自己獨吞，但我偷偷拿了很多金幣回來，我們發財了！」

說著，阿卜杜拉伸手去掏口袋裡的金幣，誰知，口袋裡居然空空如也，什麼都沒有。他氣急敗壞地咒罵道：「這個老不死的，居然戲弄我！」

「你不聽僧人的話，可能是受到懲罰了，趕快去向他道歉吧！」母親勸慰道。

阿卜杜拉悶悶不樂地回到了自己的房間，他用洞中的燭臺點了一支蠟燭。白天的事讓他越想越生氣，所以阿卜杜拉隨手打了一下燭臺，心想：「這個破燭臺有什麼珍貴的。」

這時，燭臺裡面跳出一個小人，他像陀螺一樣旋轉著，然後扔下一枚銅幣，便消失不見了。阿卜杜拉被眼前的一切驚呆了，他立刻將燭臺上的十二個分支全部點上了蠟燭，然後打了一下燭臺。頓時，燭臺裡跳出了十二個旋轉的小人，他們各自扔下一枚銅幣，便消失得無影無蹤了。

阿卜杜拉又驚又喜，他每天晚上做一次試驗，都能如願以償地得到十二枚銅幣。沒過幾天，他就厭倦了，心想：「既然僧人那麼在乎這個燭臺，不如把它還給他，換些錢來花。」

第二天一早，阿卜杜拉便趕到坎薩城尋找僧人。來到僧人家門口，阿卜杜拉驚訝極了。這位僧人的房子華麗得像宮殿，院子裡有好多僕人在忙碌著。他輕輕地敲開門，一位僕人恭敬地說：「阿卜杜拉您好，主人已經恭候您多時了，請跟我來。」

見到僧人後，阿卜杜拉說：「師父，我終於找到您了。為了把燭臺交給您，我歷盡了千辛萬苦。」

僧人溫和地說：「孩子啊，我從你的眼睛能看到你的心，你是想用燭臺換些錢幣。來吧！我告訴你這燭臺的珍貴之處。」

說著，僧人點亮燭臺上的一根蠟燭，一個小人從燭臺中跳出，像陀螺一樣旋轉著，這時，僧人伸手打了一下小人，小人立刻變成了一堆金幣。阿卜杜拉看著金幣，目瞪口呆。

僧人說：「我告訴你燭臺的使用方法，是因為我膝下無子，希望將來由你來繼承我的遺產。可是你貪圖錢財，讓我很失望。不過，為了感謝你把燭臺送還給我，我送你兩匹駱駝和一匹好馬，並允許你帶走我庫房中的一些東西。」

僕人帶阿卜杜拉來到庫房，那裡有六座金幣堆成的小山，阿卜杜拉心想：「那燭臺一天就變出十二堆金山，我要那燭臺。」

於是，阿卜杜拉貪念又起，他用兩匹駱駝馱滿了金幣，並請求拿回那座燭臺，僧人應允了，並送他離開了家。

阿卜杜拉回到家後，眉飛色舞地向母親講起自己的發財夢。他把燭臺上的十二支蠟燭全部點燃，很快地，十二個小人就旋轉著出現了。阿卜杜拉使出渾身的力氣，向小人們打了過去。可是，他並沒有注意到僧人是用右手打小人，而自己卻用錯了手。十二個小人把阿卜杜拉暴打一頓後，將他家中所有的錢財變走，與燭臺一起消失了。

母親哭著罵道：「你這忘恩負義的貪心鬼，現在滿意了吧！」

阿卜杜拉被打得鼻青臉腫，他癱倒在地上，終於恍然大悟。

小知識：

只有在你覺得知足的時候，金錢才會讓你快樂，否則的話，它除了給你帶來煩惱和妒忌之外，沒有任何積極的意義。

千年美女做老婆——
蘇里曼大帝的指環

阿拉伯的一位蘇爾坦有個令他驕傲的兒子，名叫加亞。加亞從小跟隨名師，學習知識，練習武藝，長大後成了一位勇敢善良的英俊王子。

一天，加亞與他的夥伴穆茲到父親的收藏室中玩耍，他們在角落裡發現了一個小木盒。加亞好奇地打開了木盒，發現裡面裝著一枚紅寶石戒指和一張卡片。

穆茲拿起卡片唸起上面的文字：「朋友，你在這裡尋獲此盒，快取出指環戴在你的指頭上；離家遠行的時刻已經來臨，有人在旅程的盡頭等候你。」

兩人相互對視了一下，大惑不解。他們盯著小盒，盒中的紅寶石指環發出奇異而又奪目的璀璨光芒。

「我們一起去探尋寶貝的祕密吧！」勇敢的加亞說。

「好，我要看看紙上所說的『等候的人』是誰。」穆茲答道。

於是，加亞跑到蘇爾坦面前請求道：「父親，我要出去遠行，特來向您告別。」

「加亞，你一個人去太危險，我們一起去。」穆茲說道。

蘇爾坦心想，讓兒子去外面見識一下世界也好。於是，他為加亞和穆茲準備了足夠的錢財與兩匹快馬，送他們上路。

加亞戴上了指環，與穆茲毫無目的地向前走著，他們既不懂得那句話的含意，也不知道該往哪裡走。天空中烈日炎炎，兩人決定去海邊休息一下。

到了海邊，他們脫下衣服，加亞摘下指環，跑進海裡嬉戲。這時，一隻七彩羽翼的鳥飛進他們的視野，牠鳴叫了一聲，徑直飛向岸邊，用爪子抓起紅寶石指環，轉向南飛，消失在遠方。加亞率先跑上岸，穿好衣服，向南方追去。

穆茲隨後跟在後面，他們追到一個港口前，正巧有一艘開往南方的貨船就要出發。加亞毫不猶豫地跳上了船，穆茲也只好緊隨其後。貨船向南方駛進，到了第三天夜裡，海上突然颳起了大風雨，滔天的巨浪翻滾而來，重重地拍打在貨船上。桅杆被風吹斷，帆布被海浪撕碎，加亞找到一塊木板，帶著穆茲一起跳船逃生。

他們被海浪推到岸邊，迷茫地看著周圍。這裡是一片森林，參天大樹高聳入雲，野獸的叫聲徐徐傳來。加亞與穆茲疲憊地站起身，觀察著周圍的環境。

突然，有幾條巨大蜥蜴從森林深處跑了出來，將加亞與穆茲衝散，並把加亞逼到一棵樹上。

「穆茲，你在哪裡？救命呀！」加亞拼命地呼喊著。可是除了蜥蜴的嘶吼，他聽不到任何回音。

就在這時，那隻七彩羽翼的鳥降落在蜥蜴面前。只見憤怒的蜥蜴突然哀鳴起來，牠們縮手縮腳，倉皇跑進森林深處，消失得無影無蹤。

加亞從樹上下來，驚訝地看著七彩鳥和那枚神奇的指環。這時，七彩鳥將指環還給了加亞，並搧動著翅膀，向森林中緩緩飛去。加亞戴上了指環，跟隨七彩鳥進入了森林。路上，所有的飛禽猛獸見到加亞，都卑躬屈膝地行禮，不敢上前攻擊。

加亞跟隨著七彩鳥，來到一座高大的城堡前。他小心翼翼地走進城堡，發現廳堂中擺著一張金色的大床，上面鋪著柔軟的絲絨，床上躺著一位少女，正在熟睡。加亞走近一看，不由得驚嘆道：「真是一個美若天仙的女孩啊！」

「是誰在說話！」這時，一個手拿神杖的巨靈出現在城堡中。他怒斥道：「大膽狂徒！你要幹什麼？」

說完，巨靈舉起神杖向加亞打來。加亞本能地舉起雙手，抱住了頭。這時，巨靈看見了加亞的指環，噗通一聲跪倒在地。他激動地喊著：「主人，原來是你回來了！」

加亞有些莫名其妙，他問道：「我為什麼麼是你的主人？」

巨靈解釋道：「這枚指環是蘇里曼大帝的，它能驅除一切妖魔鬼神。誰戴上大帝的指環，我就效忠於誰。」

「原來是這樣，那麼你又是誰呢？」

「我是千形靈，可以變化成各種動物。」

「那麼，你現在就去把我的朋友穆茲找來。」加亞話音剛落，千形靈就不見了。

過了不久，穆茲就被千形靈帶到加亞面前。兩人激動地抱在一起，互相訴說著自己的遭遇。原來，穆茲也被蜥蜴追到了樹上，幸好被千形靈救下，否則在劫難逃了。

加亞指著沉睡的女孩問道：「千形靈，這個少女是誰？」

「他是卡巴國的公主，一千年以前，我曾向卡巴國國王求婚，但他拒絕了我。我一時衝動，便將公主抓到這裡來，使她沉睡了一千年。城堡中的時間是靜止的，所以她依然保持著當年的模樣。只有蘇里曼大帝的指環才能喚醒她……」說罷，千形靈將喚醒公主的方法告訴了加亞。

「因為你的貪念，讓公主沉睡了一千年，你知錯了嗎？」加亞義正言辭地問。

「我知錯了，求您喚醒她吧！」千形靈答道。

於是，加亞吻了一下指環，又深情地吻了一下公主，公主便慢慢恢復了氣息，睜開了明亮的雙眼。千形靈將加亞使她復活的事情告訴了公主，公主溫柔地對加亞說：「恩人，謝謝你救了我，我願以身相許，來報答你的恩情。」

穆茲興奮地說：「加亞，我明白了，那句話所指的遠方就是這座城堡，那個等你的人就是她！」

加亞瞬間解開了謎團，十分高興。

這時，千形靈說：「主人，指環的榮耀與公主不能兼得，您必須選擇一樣。」

「世上無論什麼榮耀，都比不上可貴的真情。」加亞毫不猶豫地摘下指環，交給千形靈。

千形靈非常感動，他將加亞三人送回家，並把指環埋藏起來，等待後人發現。

加亞回到家，將自己的奇遇告訴了父親。蘇爾坦為兒子重情義的精神感到驕傲，他籌備了盛大的婚禮，為兒子迎娶新娘。

就這樣，加亞與一千年前的妻子過上了幸福的生活。

小知識：

世上一切光榮和驕傲，都敵不過親情的偉大；一切金銀與珠寶，都比不了友情的無價；一切貪念與虛妄，都開不出愛情的奇葩。

充滿魔力的國度——

銅城傳說

撒拉爾王國有一位酷愛冒險的王子，名叫達勒爾。

一天，他帶著水手們登上船，揚帆遠行。海上碧波萬頃，風和日麗，達勒爾躺在甲板上，享受著溫和的海風。不知不覺，達勒爾已經航行了十天，他非常眷戀像母親一樣的大海，不肯返回家去。

到了第十二天夜裡，海面上風雲突變，暴雨從天而降，巨大的海浪層層捲起，蹂躪著達勒爾的船。大海發出令人膽顫心驚的嘶吼聲，激起高高的水柱，猛地灌進船裡。達勒爾萬念俱灰，他知道死神已離自已越來越近。於是他平靜地喊道：「大家不要怕，讓我們一起禱告吧！」

可是，水手們不聽他的指揮，紛紛跳進海中逃生，只有船長閉著雙眼，默默祈禱著。沒過多久，海面漸漸恢復了平靜，海平線上露出了橘紅色的光芒。達勒爾與船長得救了，他們激動地擁抱在一起。

大船被海浪推到一座小島上，達勒爾與船長一起跳下船，向島上走去。他們穿過茂密的樹

林，來到一座高大華麗的城堡前。達勒爾敲打著城門，等了半天都沒人回應。

船長說：「我們一路走來，連人影都沒看見，這裡可能是座空城。」

達勒爾慢慢推開了城門，和船長一起走了進去。城堡一樓的大廳中央站著一位身姿優雅的女子，她背對著門口，披著亮麗的金髮，身著美麗的黃紗裙，腳上踩著一雙金鞋。

達勒爾熱情地說：「妳好！」

等了半晌，達勒爾沒有得到任何回答。他小心翼翼地走到女孩身旁，驚訝地張大了嘴巴，這位女子竟然是個銅鑄的雕像。這時，船長發現在樓梯口還有兩個銅像，她們一個身穿白色傭人服，一個身穿黑色傭人服。

船長指著兩個女僕大叫道：「王子，快來看！」

達勒爾快步跑到船長身邊，只見白色女僕手中托著一把鑰匙，黑色女僕手中舉著一塊牌子，上面寫道：歡迎來到銅城！請拿起這把鑰匙，但絕對不能觸摸任何東西。如果違背了忠告，將會失去生命。如果能信守承諾，將會得到幸福。

這時，船長勸達勒爾說：「王子，我們還是走吧！世上沒有什麼比生命更重要。」

達勒爾卻堅定地說：「不，沒有幸福的生命是毫無意義的。」

說完，他拿起女僕手中的鑰匙向閣樓上走去，船長怎麼勸阻都無效，只好無奈地跟了上去。

他們來到閣樓間，達勒爾用鑰匙輕輕開啟了房門。屋中掛滿了粉紅色的紗幔，並飄出一陣陣迷人的香氣。屋子正中的一張紅色軟床上，平躺著一位美麗的女子。她身姿曼妙、表情甜美，胸部隨著呼吸一起一落，有節奏地律動著。她的床邊散落了許多彩色的珠子，時不時地滾動著。

船長被女子迷得魂不守舍，他色瞇瞇地跪在床前，伸手向女子摸去。這時，達勒爾抓住了船長的手臂，勸說道：「絕對不能觸摸任何東西，難道你忘了嗎？」

「這樣的美人躺在面前，我可管不了那麼多了。」船長甩開達勒爾的手，向女子撲了上去。就在船長觸摸到女子身體的一瞬間，他變成了一顆彩色的珠子，掉落在女孩的床邊。達勒爾非常震驚，他看著滿地滾動的珠子，氣憤地說：「這就是不聽勸告的下場！」

達勒爾鎖上了房門，回到樓下。這時，他看見黑衣女僕手中的牌子變了，上面寫著：「恭喜你通過了誠信的考驗，去親吻你的心上人吧！」

看了這句話，達勒爾飛快地跑到銅人雕像面前，溫柔地吻了一下。這時，銅人的身體慢慢有了體溫，頭髮由金色變成烏黑，紗裙由黃色變成粉紅，一雙金鞋也變成了水晶鞋。女孩睜開

迷人的大眼睛，向達勒爾行了禮，並恭敬地說：「謝謝你救了我，我是這裡的公主，名字叫娜麗。」

達勒爾對女子一見鍾情，他溫和地問：「這裡為什麼叫銅城？妳們為什麼全都變成了銅人？」

娜麗帶著達勒爾來到閣樓間，打開房門。這時，床上的性感美女變成了一堆白骨。娜麗對達勒爾說：「她是個女妖，我的父親被她迷惑，娶她為妻。沒想到她用魔法害死父親，還將王宮裡的人全部變成銅人，而唯一破除魔咒的辦法就是誠實守信。你看地上的那些珠子，它們都是禁不住誘惑而忘記承諾的可憐人。只有你信守了承諾，當你鎖上房門離開時，女妖就被誠信的力量打敗，我們也因此得救了。你是我們的恩人，我要報答你。」

達勒爾聽後，恍然大悟，他單膝跪地，對娜麗說：「自從見妳第一眼，我便深深地愛上了妳，妳願意嫁給我嗎？」娜麗害羞地點點頭。

隨後，達勒爾幫助娜麗重新建造了銅城，讓死氣沉沉的城市恢復了往日的繁華與生機。

小知識：

當人們喪失了誠信，身體就失去了靈魂。只有用誠實的心做種子，用守信的態度澆灌，才能開出燦爛的幸福之花。

用金錢買名言──

因禍得福的艾哈邁德

忠厚老實的農民艾哈邁德與老母親相依為命。有一年，穆斯林的重大盛典──朝覲的日子快到了，母親拿出三千里亞爾交給艾哈邁德，說：「孩子，這筆錢是我日積月累節省下來的，現在交給你，你去麥加參加朝覲後，在路上買些小商品，回來我們做些生意。」艾哈邁德接過錢，跟著朝覲的人群朝麥加走去。

幾天後，艾哈邁德完成朝覲儀式，就到市場上尋找貨物。走著走著，他聽見有人叫賣：「誰買名言，一千里亞爾一句！」

艾哈邁德覺得奇怪，就走到吆喝的商人面前問：「你賣什麼名言，怎麼這麼貴？」

商人答道：「付錢我才告訴你，保證你終生受益。」

艾哈邁德掏出一千里亞爾交給商人。商人說：「真主懲治那些有邪念的人。」艾哈邁德默默地把這句話記在心裡。

第二天，艾哈邁德再次來到市場，又遇到了那個賣名言的商人。於是他付了一千里亞爾買下了第二條名言，商人說：「你喜歡的就是最好的。」艾哈邁德又記下了。

第三天，艾哈邁德找到賣名言的商人，花掉了最後的一千里亞爾。商人說：「遇到什麼好處就儘管受用。」

朝覲的季節過去了，艾哈邁德兩手空空回到家。

母親問道：「我要你買的東西呢？」

艾哈邁德回答：「我用三千里亞爾買了三句名言。」

母親聽後，狠狠地打了艾哈邁德一記耳光。她大聲罵道：「你這個蠢蛋，你給我滾出去！」

艾哈邁德驚慌地逃到市集上，正巧遇到去往埃及的商隊，他便跟著商隊走了。

到了埃及後，艾哈邁德和商隊走散了。他誤打誤撞地來到了王宮前，聽說這裡正在招募僕人，便決定試一試。他很快地通過了面試，成為皇宮的一名侍從。

從此以後，艾哈邁德服侍在國王左右。由於他的勤勞和踏實，國王越來越喜歡他，然而王后卻對他起了私慾。

一天，王后要到麥加朝覲，她要求由艾哈邁德服侍自己，國王應允了。

朝覲隊伍出發了，到了傍晚，隊伍在一片平原旁安營紮寨。王后吩咐所有人都出去，唯獨留下艾哈邁德。

王后對艾哈邁德說：「我對你傾慕已久，今天終於有機會單獨和你在一起了。」

艾哈邁德聽完王后的話，嚇得目瞪口呆。他想起自己買到的第一句名言：「真主懲治那些有邪念的人。」便斷然拒絕了王后。王后很生氣，她怕這件事被國王知道，於是她決定在路上找機會處死艾哈邁德。

朝覲的隊伍路過一口水井，王后吩咐侍衛：「我口渴了，叫艾哈邁德跳到井裡為我打水吧！」

艾哈邁德身上綁著繩子，手裡抱著木桶，被其他侍從慢慢地放到井底。這時，王后命令所有侍從歸隊，立刻起程，大家只好從命。

艾哈邁德打好水，對著井口呼叫，可是沒有任何人回應他，這讓艾哈邁德非常焦急。這時，井底出現一個魔鬼，魔鬼的雙肩各站著一個仙女，左邊的美麗無瑕，右邊的醜陋無比。

魔鬼對艾哈邁德說：「你告訴我這兩個仙女哪個漂亮，答對了的話，我就送你上去。」

艾哈邁德想起了他買來的第二句名言，於是對魔鬼說：「你喜歡的就是最好的。」魔鬼聽後非常滿意，立刻把艾哈邁德送出井口，讓他追上了朝覲的隊伍。

王后見艾哈邁德回到隊伍中，不由得又驚奇又生氣，於是想出了第二條毒計。到了麥加，王后給國王寫了一封信，內容是：「陛下，殺了送信的人，等我回去再向您解釋。」然後轉身對艾哈邁德說：「這是一封報平安的信，你要親手把它交給國王。」

艾哈邁德接到命令後急忙趕回埃及，走著走著，他感到飢餓難受，便到路旁的一個村莊休息。碰巧，這個村裡有人正在辦喜事，新人熱情地邀請艾哈邁德。艾哈邁德趕忙推託說要為國王送信，新人說：「我們派一個強壯的小伙子替你送信，保證比你快達成任務。」

艾哈邁德想起了他買到的第三句名言：「遇到什麼好處就儘管受用。」於是接受了新人的熱情邀請。

國王收到信後，不管三七二十一便把送信的小伙子殺了。

王后朝覲完畢回到宮中，又看到了艾哈邁德，她非常懊惱。於是直接找國王哭訴：「陛下，艾哈邁德對我圖謀不軌，你快把他殺了吧！」

國王一面答應王后，一面找到艾哈邁德瞭解情況。艾哈邁德誠懇地說：「陛下，如果您想知道實情，就委屈您今晚藏在王后寢宮的衣櫥裡。」國王果然照做了。

傍晚，艾哈邁德來到王后的寢宮，他恭敬地向王后行禮，問道：「尊敬的王后，您為何加害於我？」

王后不耐煩地說：「是我把你扔進井裡，是我要你送信亡命，誰教你拒絕了我的愛意呢？」

聽到這裡，國王氣急敗壞地衝出衣櫥，一刀殺死了王后。

從此，國王更加信任艾哈邁德，並讓他寸步不離常伴左右。

小知識：

艾哈邁德靠名言讓自己擺脫困苦、化險為夷，並從中領悟為人處世的道理，獲得了大智慧，受益終生。

獨眼妖怪的考驗——

小王子蘇爾坦

阿拉伯有一位國王，他有三個兒子，個個武藝高強。

一天，他把三個兒子叫到身邊說：「孩子們，如今我年事已高，管理國家有些力不從心了。我希望由你們其中一人來繼承王位，不過，我要出題考考你們。」

三個王子都渴望成為王位的繼承人，便異口同聲道：「請父王考驗吧！」

國王點點頭說道：「你們三人各自帶一隊人馬出城去旅行，並把重大的發現帶回來給我，我再做決定。」

大王子哈什領命後，當天就收拾好行囊，集合人馬，整裝出發了。

哈什來到一座山前，吩咐士兵們在此地搭起帳篷休息。

這時，山洞中鑽出一個獨眼妖怪，他跑到大王子帳中，說：「大王子你好，你認識我嗎？」

大王子哈什被這醜陋的獨眼妖怪嚇壞了，戰戰兢兢地問：「你要做什麼？」

獨眼妖怪答道：「你的父親和我是朋友，今天你來到我的山中做客，我沒有好吃的好喝的款待你，不過你可以分享我的黃金，要多少有多少。」

哈什聽完，點了點頭。

獨眼妖怪把大王子帶到一個山洞，裡面堆滿了金幣。

哈什心想：「我擁有了這麼多的金幣，一定比弟弟們強，這下肯定可以坐上王位了。」

他吩咐士兵們卸下駱駝身上的所有東西，再把金幣裝好，馱在駱駝背上。

就這樣，大王子帶著成千上萬的金幣返回城堡。

大王子走後不久，二王子宰德也帶著侍衛隊和生活用品出發了。他們走著走著，在山腳下發現了哥哥哈什的帳篷。

「莫非哥哥遇難了？」宰德十分擔心。他帶著隊伍，順著山路來到半山腰，命令隊伍在此安營紮寨。

隊伍安頓好後，宰德一個人向哥哥的營地走去。走著走著，宰德看見一個山洞，他探著身子往裡面一瞧，正巧看見獨眼妖怪。宰德嚇得剛要逃跑，獨眼妖怪卻說：「二王子你好，我是你父親的朋友。」

宰德慢慢回過身，上下打量著妖怪，說道：「我父親怎麼會有你這樣的朋友啊！」

獨眼妖怪不急不徐地說：「既然你來到我的山洞，就是我的客人，我應該用好酒好肉來招待你，可是我沒有。不如請你分享我的銀幣吧！要多少有多少。」

宰德一聽，立刻瞪大了眼睛。他心想：「如果我把所有的口袋裝滿銀幣，恐怕是三個人中

收穫最大的了，如此一來，我就能繼承王位了。」

宰德想著想著，情不自禁笑出了聲。他被獨眼妖怪帶到堆滿銀幣的地窖前，命令士兵們扔掉口袋中所有的東西，統統裝滿銀幣。

宰德謝過了獨眼妖怪，帶領大隊人馬返回城堡。

小王子蘇爾坦在兩位哥哥出發後回到寢宮，他洗了澡，換了嶄新的衣服，騎上馬，帶著貼身寶劍出發了。

他騎著馬，穿過一片果樹林，來到一座山前。蘇爾坦驚喜地發現了大哥的帳篷，他立即下馬鑽進帳篷，卻發現裡面空無一人。

「是不是大哥遇上麻煩了？」蘇爾坦非常擔心，他騎上馬，沿著崎嶇的山路尋找。

走到半山腰時，蘇爾坦又發現了二哥的行李。

「莫非二哥也遇到了麻煩？」蘇爾坦跳下馬，在原地查看有沒有可疑的線索。

這時候，獨眼妖怪向蘇爾坦走來。

蘇爾坦回身看見了妖怪，他並未感到害怕，反問道：「你是誰？有什麼可以幫你的嗎？」

獨眼妖怪回答道：「小王子你好，我是你父親的朋友。你到了我的山上，就是我的客人，有什麼需要我都能滿足你。」

蘇爾坦急切地問：「你知道我的兩位哥哥在哪裡嗎？」

獨眼妖怪將小王子帶到堆滿金子的山洞和載滿銀子的地窖，並把兩位王子求寶的事情一五一十地告訴蘇爾坦。

蘇爾坦這才放下心來。

這時，獨眼妖怪說：「小王子，你和你那兩個貪婪的哥哥不一樣，你是一位高尚的人。我會滿足你一個願望，你想要什麼，我都會滿足你。」

蘇爾坦對妖怪說：「請你為我找一本如何治理好一個國家的書吧！我要從中學習，造福人民。」於是，獨眼妖怪喃喃自語，然後向著蘇爾坦手中一指，蘇爾塔手中立刻呈現出一本治國安邦的書。蘇爾坦非常高興，對獨眼妖怪道了謝，便騎上馬返回王宮。

老國王看著三個王子帶來的東西，說：「哈什和宰德，你們既然那麼喜歡金錢，就到國庫當管理員，數錢過日子吧！」說完，國王親手把王冠戴在小王子蘇爾坦頭上。

小知識：

貪圖知識的人可以獲得力量、尊重以及成功，而貪圖錢財的人卻不一定能得到錢財，反而會成為金錢的奴隸。

善良的獅子怪——

魔鬼之子薩哈德

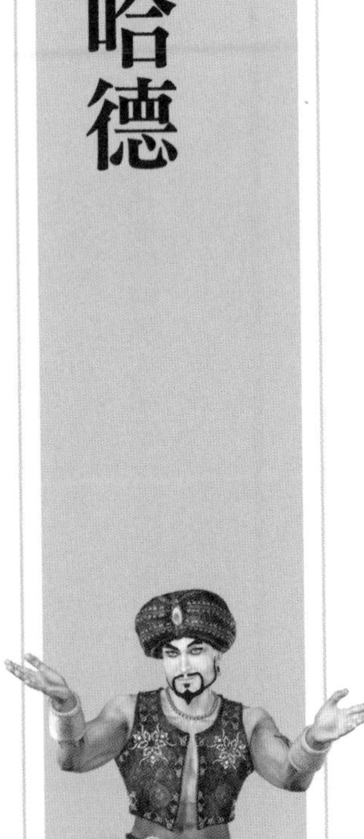

阿拉伯郊區的村莊裡住著一對農民夫婦，他們生活得平淡且幸福。美中不足的就是結婚多年都沒能擁有一個孩子。夫婦倆每天祈求真神阿拉保佑，希望能賜給他們一個孩子。可是很多年過去了，夫妻倆依然沒有好消息。丈夫對妻子說：「我們向真神禱告了這麼多年，一點用處都沒有，不如反過來祈求魔鬼吧！如果能生下一個兒子，我寧願讓他為魔鬼效勞。」

於是，夫妻倆每天向魔鬼禱告。過了一個月，妻子就懷孕了。一年後，她生下了一名男嬰，丈夫非常高興，為男嬰起名叫薩哈德。

時光荏苒，薩哈德一天天長大成人。他酷愛幽深

僻靜的叢林生活，常常不回家，一個人鑽到森林裡玩耍。

一天，夫婦倆在家務農。突然，一個人身獅子臉的怪物出現在他們面前。

夫婦倆被驚嚇得連連大喊：「魔鬼啊！魔鬼！」

怪物對他們說：「沒錯，我就是你們曾經日日禱告的魔鬼，是我為你們送來了孩子。如今我要讓他為我效勞，你們不會拒絕吧？」

夫妻倆想起了禱告時曾說過的話，只好把薩哈德叫來，告訴他這一切的前因後果。薩哈德看著魔鬼，並不覺得懼怕。他說：「魔鬼，我可以跟你走，為你效勞，但你不許傷害我的父母。」

「放心，我絕不傷害他們，說到做到。」魔鬼承諾道。

薩哈德跟隨魔鬼來到一片深山老林裡。魔鬼變出了金銀珠寶、美女豪宅，但薩哈德抵住了魔鬼的誘惑，對眼前的一切無動於衷。魔鬼大發雷霆，命令道：「脫下你的衣服，我要跟你交換！」

薩哈德用盡全力反抗，但都無濟於事。萬般無奈下，他穿上了魔鬼的皮囊，變成了一個人身獅面的怪物。這時，魔鬼交給他一袋金幣，說道：「這些錢足夠你環遊世界，我給你三年時間，你用這些錢做些善事。如果你成功了，我就還你自由；如果你失敗了，我就帶你下地獄。」

人身獅面的薩哈德遊走在世界各地。每到一個城市，人們都被他的外貌嚇得跑回家，緊閉門窗，不敢出來。當薩哈德掏出金幣慷慨相送時，人們才知道他是好人，漸漸地不再懼怕他，並對他心存感激。

兩年過去了，薩哈德遊歷了大半個世界，做了不少善事。

一天，他路過一個村落，看見一位年邁的老翁正在被毒打。薩哈德趕忙上前阻止，並詢問老翁：「老伯伯，您為什麼挨打？」

「我欠了地主家的錢財，沒有辦法還，他們就將我送去官府，遭到一頓毒打。」老翁呻吟著說。

薩哈德聽後，立刻用自己的錢幣幫助老翁還清了債務。老翁請薩哈德到家中休息，感激地說：「恩人，您對我的幫助我無以為報，我有兩個女兒，希望把她們其中一個嫁給您。」

薩哈德趕忙答道：「老伯伯，我幫助您並不是為了索取回報。婚嫁之事，還是讓您的女兒自己做主吧！」

老翁聽完薩哈德的話，便把兩個女兒叫到廳堂，向她們講述了薩哈德對自己的救命之恩，並希望女兒能以身相許。

大女兒一看薩哈德面貌醜陋、形態怪異，嚇得大叫一聲：「天啊，我死也不要嫁給一個怪物！」說完便跑了出去。

小女兒恭敬地對老翁說：「父親，如果恩人對我們的幫助無以為報，我願意以身相許。」

老翁聽後，為小女兒的善良懂事感動不已。他寫好婚約，為女兒和薩哈德訂下了終身。

薩哈德將自己的身世以及與魔鬼的約定告訴了妻子，並對她說：「為了獲得自由，我必須再旅行一年。我答應妳，一年之後，一定回來找妳。」

「好，你去吧！我等你。」為了不讓薩哈德丟下自己，妻子將自己的戒指摘下來，戴在薩哈德手指上。

就這樣，薩哈德又旅行了一年，兌現了承諾。他回到曾經的深山老林，找到魔鬼。說道：「我已經履行了承諾，請你還我自由吧！」

「做得好！薩哈德，你果然把錢用在了做善事上，沒有一絲一毫的浪費。現在，我們把皮囊換回來吧！」魔鬼一邊說，一邊與薩哈德交換皮囊。

薩哈德恢復了本來的模樣，立刻趕到了老翁家裡。大女兒得知一位帥氣俊朗的陌生男人來到她家時，激動地以為是來向自己求婚。她拉著小妹來到廳堂，徹底傻了眼。只見英俊男子手中拿著小妹的戒指，單膝跪地，向她求婚。薩哈德將戒指戴在妻子的無名指上，兩人幸福地擁吻在了一起。

小知識：

信用是無形的力量，也是無形的財富。守住它，不僅能擁有擊敗一切罪惡的力量，還能收穫無價之寶——幸福。

遭遇惡神——

老翁阿里救商人

有一天，錫巴依山的一位商人要到巴格達城做點生意。途中，他來到一片荒蕪的沙漠裡。午後的太陽毒辣刺眼，乾燥的沙漠捲起陣陣熱風，商人越走越累，他抬頭望去，看見不遠處有一棵枝葉繁茂的大樹。疲憊的商人想都沒想，就牽著駱駝朝大樹走去。

商人來到樹下抬頭仰望，不由得張大了嘴巴，這顆大樹不僅枝葉濃密，樹上還結出了果子。口渴的商人顧不了那麼多，爬上大樹，摘下一顆果子，一口咬了下去。

果子清涼甘甜的汁液滋潤著商人的喉嚨，他騎在樹枝上，閉著雙眼享受美味。

突然，商人彷彿被人推了一把，從樹上直接摔到地下。

商人捂著頭罵道：「是誰在跟我開玩笑！」

「是我！」這時，大樹裡冒出一團黑煙，漸漸變成了一個青面獠牙的怪物。

商人被眼前的景象嚇了一跳。他哆哆嗦嗦地說：「你是誰？要做什麼？」

黑煙怪物呵斥道：「我是這片沙漠的惡神，剛剛你吃的果子是我的孩子。你殺了我的孩子，我要懲罰你！」

商人一聽，嚇得連連求饒：「我不知道那是你的孩子，我不是存心的，你應該原諒我。」

惡神更生氣了，說：「別解釋，你準備受死吧！」

「神啊！我的家中還有妻子和孩子，如果你肯先放我回家，讓我和他們告別一下，然後我就回到這裡找你。我發誓絕不食言。」商人做著最後的祈求。

「好吧！我只給你五天時間。五天後，來這裡找我。」惡神同意了商人的請求。

商人騎著駱駝趕忙返回家，他把家裡的事情向妻子交待清楚，與孩子告了別，便一個人去實現他的誓言。

走進沙漠，商人遠遠就看見了那棵樹。想到自己死到臨頭，想到妻子和孩子，商人不禁抽泣起來。

這時，一位老翁牽著一隻山羊走到他身邊，問道：「年輕人，你為什麼哭呢？」

商人把他無意惹惱了惡神的遭遇告訴老翁，老翁思考片刻，對商人說：「別怕，我有辦法救你。」

商人口氣存疑地問道：「你是誰？為什麼這麼有把握？」

「我叫阿里，是普通的巴格達人。」老翁微笑著回答。

商人和老翁阿里一起來到樹下，很快地，惡神便出現了。他對商人說：「來吧！我送你上天堂。」

這時，老翁阿里對惡神說：「尊敬的沙漠之神，我聽說了商人的遭遇，我想為你講述這隻山羊的故事，如果你聽了以後覺得比商人的遭遇還離奇，你能不能饒了他的性命？」

惡神好奇地答道：「行，一言為定。」

老翁阿里吩咐大家坐在樹蔭下，他說道：「我曾經有一個幸福的家庭，妻子美麗，兒子聰明。可是不知從什麼時候起，妻子偷偷學習了魔法。有一天，我去城裡辦事，妻子趁我不在家，施法將兒子變成了小牛，並把他交給牧人放養。過幾天我回到家，問起兒子，妻子卻說兒子失蹤了。我十分難過，悲痛欲絕。

「過了幾天，祭神的日子快到了，我便去牧場買牛，打算回家殺死後供養神靈。牧人牽來一頭健壯的小牛，我拿著宰牛刀朝小牛走去，小牛竟然滿眼噙淚悲鳴了起來。看著可憐的小牛，我實在不忍心下手，就請牧人把牛牽回去了。

「又過了幾天，牧人來到我家，偷偷對我說：『阿里，我有個好消息要告訴你，我找到你的兒子了。』

「我有點不相信，說道：『是嗎，在哪裡啊？』

「牧人說：『我的女兒最近在學習魔法，昨天她陪我去放牧，竟然說有一頭小牛是您的兒子。』

「聽完這話，我立刻跟隨牧人到了牛棚。牧人女兒把她所說的那頭小牛牽了出來，我一看，正是祭神日那天差點死在我刀下的小牛犢。我趕忙對牧人的女兒說：『好孩子，如果這頭小牛真是我的兒子，我希望妳把牠變回來。』

「牧人的女兒對我說：『我有兩個條件，一是您要讓我嫁給您的兒子做妻子；二是我要把您的妻子變成動物，因為是她害了您的兒子。』

「我同意了她的要求。只見她用手撫摸著小牛，嘴裡唸著咒語，小牛搖了搖尾巴，立刻變成了人。我一看，正是我的兒子。於是我遵守了諾言，讓兒子和牧人的女兒結了婚，我的妻子也變成了這隻山羊。這就是我的遭遇。」

惡神早已對老翁阿里的故事聽得入迷，他說：「你的故事真離奇！我也要遵守諾言，放了你們。」

就這樣，老翁阿里成功地解救了商人。

小知識：

一位老人就是一所博物館，儘管失去了青春與活力，但他的智慧與閱歷富饒豐足、包羅萬象，可以有力地說服一切。

揮劍斬魔鬼——

沉著勇敢的穆茲娜

在阿拉伯人聚居的羅伊城裡住著一位富商。他有一個美麗大方的女兒，名叫穆茲娜。富商非常疼愛這個孩子，對她百依百順，從不拒絕她的任何要求。

穆茲娜漸漸長大成人，到了嫁人的年紀。富商向全城宣布，要為女兒找一位俊朗多才的年輕人當丈夫。於是，前來提親的人絡繹不絕。有的人為穆茲娜的美貌所傾倒，有的人則貪圖富商的錢財，這些人都被穆茲娜一一回絕了。

一天，穆茲娜在野外賞花。有隻幽藍色的蝴蝶吸引了她的目光，蝴蝶落在哪裡，

穆茲娜就追到哪裡，追著追著，就和僕人們走散了。

最後，蝴蝶停在一朵鬱金香上，穆茲娜慢慢靠近牠。突然，這隻蝴蝶變成一隻大鵬鳥，抓起了穆茲娜，便凌空而起。

大鵬鳥飛到一個城堡上空後急速下降，並將穆茲娜放到閣樓上，然後大鵬鳥搖身一變，成了一個俊朗的男子。

男子對穆茲娜說：「我已經愛慕妳很久了，從今天起，妳就做我的女人吧！城堡中的財寶都歸妳所有。」

說完，男子帶著穆茲娜在城堡中轉了一圈。他們來到一扇金色的門前，男子說：「美人，這宮殿中的一切都屬於妳，唯獨這個房間妳千萬不要打開。」

隨後，男子把穆茲娜帶到寢宮的床上說：「美人，妳休息一會兒，我有事出去一下。」男子說完，穆茲娜瞇上眼，假裝睡著。男子看穆茲娜已經熟睡，便轉身走到窗前。剎那間，男子變成了一個青面獠牙的魔鬼，伸展著黑色的翅膀，飛出窗外。

穆茲娜忍住心中的恐懼，等魔鬼飛遠後，她立刻起身，深吸一口氣，試著冷靜了一下情緒。她想起魔鬼囑咐她不要靠近的房間，於是悄悄走到金色的門前，擰動了門栓。

一打開門，便有一股惡臭飄了出來。穆茲娜捂著鼻子走進去，她不由得張大了嘴巴。屋裡的牆壁上掛滿了屍體，有男人、有女人，有孩子、有老人。看到這裡，穆茲娜心驚膽顫地關上了門。

「如果我不趕快逃走，今後也會被魔鬼掛在這間屋裡。」穆茲娜告訴自己一定要冷靜。可是論力量，她根本不是魔鬼的對手。於是，她決定先和魔鬼生活一段時間，再尋找機會殺掉這個殘害生命的惡魔。

不久後，穆茲娜完全掌握了魔鬼的生活習性。他怎樣休息，什麼時間出去，穆茲娜瞭若指掌。

一天，魔鬼出去狩獵，穆茲娜在宮殿裡遊走。她來到魔鬼的寢宮，魔鬼床前的寶石發出耀眼的光。穆茲娜爬上床，摘下牆上掛著的寶劍，拔出劍鞘。窗外透進明媚的陽光，對著光線，穆茲娜發現寶劍上刻有文字。她站在窗前，喃喃唸著：「熟睡的大眼怪，七個小腦袋，刺中最小的，說句快滾開。」穆茲娜看後陷入一片沉思，她想：「這個魔鬼和人不一樣，他在熟睡的時候會睜開眼，並且長出七個腦袋，一個比一個大。難道寶劍上的字說的正是這個魔鬼？」穆茲娜暗自盤算後，決定放手一搏。她把寶劍藏起來，換上一把桃木劍掛在床頭，靜靜等魔鬼回來。

日落時分，魔鬼回到城堡，他看見滿面笑容的穆茲娜，並沒察覺有什麼異常。

第二天一早，魔鬼照常出去狩獵。穆茲娜把寶劍配在腰間，靜靜等待魔鬼回來。

魔鬼準時回到城堡，穆茲娜滿面笑容地幫他脫掉衣服，服侍他睡覺。沒過多久，魔鬼就睜開了雙眼，長出了七個腦袋。穆茲娜慢慢走到魔鬼身邊，輕輕拔出腰間的寶劍。寶劍出鞘時發出了輕微的聲響，魔鬼喃喃地說：「美人，妳在做什麼？」

穆茲娜冷靜地說：「主人，我在脫衣服。」

魔鬼沒有吭聲，放心地睡去了。

穆茲娜離魔鬼越來越近，她深深吸了幾口氣，然後舉起寶劍，對準魔鬼最小的腦袋，猛刺過去。

魔鬼顫動著身體，有氣無力地說：「再砍我一刀吧！」穆茲娜想起寶劍上的文字，答道：「快滾開！」魔鬼嘶吼一聲，斷了氣。穆茲娜知道自己勝利了，淚水奪眶而出。

穆茲娜拯救了被魔鬼統治的萬千百姓，大家為了感謝她，在廣場上立了一個「勇敢女神」雕像，並護送穆茲娜回到羅伊城。

小知識：

穆茲娜花容月貌的外表下，藏著一顆冷靜機智的心，她憑藉沉著與勇敢，逃出了妖怪的魔爪。這說明了，本來無望的事，只要大膽嘗試，往往能夠成功。

忠心護主的好夥伴——

神馬吉姆尼

卡塔爾有一位深受百姓擁戴的國王，他把國家治理得繁榮昌盛，人民生活富足。

一天，國王的妻子生了一個兒子，他為兒子取名叫哈德。與此同時，國王的母馬也生了一匹小馬駒，國王覺得小馬駒與兒子很有緣分，就把他們放在一起撫養，並為小馬駒起名叫吉姆尼。

哈德聽得懂馬的語言，他與吉姆尼整日在一起，無話不說，形影不離。日子一天天過去，哈德變得英俊帥氣，吉姆尼也長得強壯高大。

就在哈德十五歲生日那年，他的母親因病去世了。全國人民都很傷心，大家紛紛祭奠王后，國王與哈德也感到十分悲痛和寂寞。

又過了一年，國王對哈德說：「孩子，國家不能沒有王后，你也需要有人照顧，我必須再娶一個妻子了。」

哈德非常理解父親，表示支持父親再娶。不久，國王就娶了新的王后。婚後，王后為國王生了一個兒子。新王后非常喜愛自己的兒子，對哈德根本不理睬。她很擔心國王死後會讓哈德繼承王位，於是心生毒計想要害死哈德。

一天，王后命人端來一個大蛋糕，上面畫著一半陸地與一半海洋。王后殷切地對哈德說：「我親愛的孩子，吃塊蛋糕吧！你吃海洋，弟弟吃陸地。」

說完，王后把親生兒子放在椅子上坐好，便轉身去取美酒。哈德切下一塊蛋糕，跑到草地上拿給吉姆尼吃。吉姆尼拒絕了哈德的蛋糕，並對他說：「你千萬別吃海洋，你要吃陸地。」

哈德回到桌前，把蛋糕的位置調換了一下，大口大口地吃起了陸地。他發現蛋糕又香又甜，而弟弟卻哭著說：「蛋糕是苦的！海洋是苦的！」

這時，王后端著酒杯走了過來。她看見自己的親生兒子捂著肚子又哭又鬧，很快就斷了氣，不由得大驚失色，氣急敗壞地罵道：「一定是你換了蛋糕的位置！一定是你！」

哈德氣憤地說：「你這個老妖婆，

居然在蛋糕裡下毒，多虧有吉姆尼相救，我才撿回了一條命。」

王后聽了哈德的話，知道是哈德的馬告了密。她忍住淚水，在心中發下了毒誓：「我要讓他們連人帶馬全都完蛋！」

國王聞聽自己的小兒子中毒身亡，急忙跑來安慰王后。王后撲在國王懷裡哭訴著：「陛下，我的兒子死了，我也不想活了，除非能讓我吃到馬肉。那馬必須年輕力壯，肚子上有塊花斑才行。」

國王一想，哈德的馬正好符合王后的條件。他派人把哈德叫來，說道：「你的後母要吃吉姆尼的肉，你快把牠送到御廚吧！如果你不肯，就連你一起懲罰。」

哈德聽了父親的話，猶如晴天霹靂。他哭著跑去找吉姆尼，並把國王的意思告訴了牠。吉姆尼對國王的決定非常寒心，牠安慰哈德道：「你把我帶到海邊，把你的衣服和我的馬鞍都丟在岸邊，假裝我們一起跳海自殺了。王后知道後一定會高興得手舞足蹈，國王也就不會再追究了。然後我帶你去一座城堡，那裡有你的新娘。」

哈德照著吉姆尼說的話做了，他成功地製造了死亡的假象，並騎著吉姆尼跋山涉水，來到一座城堡前。吉姆尼對哈德說：「城堡中有一個魔鬼，他青面獠牙，力大無比，但他有個死穴，就是左腳的大腳趾。你砍斷他的大腳趾，然後跑到閣樓上，你的新娘就在那裡。」

憑著對吉姆尼的信任，哈德拿起寶劍，衝進了城堡。他一路上過關斬將，殺死了無數骷髏士兵。到了二樓，哈德便遇見了魔鬼。魔鬼張著血盆大口，伸著粗壯的手臂，向他奔來。哈德看準魔鬼的左腳，一劍砍了過去。魔鬼的整個左腳都斷了，他哭嚎了一陣後，便化成黑煙飄走了。瞬間，所有的骷髏兵也都灰飛煙滅。

哈德跑到閣樓上，看見了一位清秀美麗的女子。女子淚流滿面地對哈德說：「謝謝你救了我，我願意以身相許，以此來報答你。」

接著，吉姆尼馱著哈德與他的妻子回到王宮。此時的國王已經明白了王后的陰謀詭計，並一怒之下將她殺了。國王為哈德舉行了盛大的婚禮，並封吉姆尼為「神馬」。

小知識：

「忠」字的含意是對主無二心，「義」字的含意是對友無二心，只有忠義俱全的人，才能收穫信任與友情。

殺死國王最愛的駱駝——
勇敢者圖伽

古代的阿拉伯有一位蘇爾坦，他養了一匹神奇的駱駝。這隻駱駝四肢健壯、體力極好，牠可以馱著上百斤的重物穿越撒哈拉大沙漠，從不停下休息。但是，這匹力大無窮的駱駝脾氣非常暴躁，牠經常跑到農民的田間踐踏莊稼，衝到市集撞翻商人的攤位，傷害百姓。大家知道這匹野蠻的駱駝是蘇爾坦的寵物，都敢怒不敢言，默默地忍受著。

城裡有一位年輕小伙子，名叫圖伽。他雖然相貌醜陋、個子矮小，但是頭腦機智、聰明過人。蘇爾坦的駱駝整日在城裡肆意亂跑、胡作非為，都被圖伽看在眼裡。他決定尋找機會殺了這匹駱駝，為民除害。

一天，圖伽用駱駝最愛吃的沙蒿，將牠從城裡引到野外。他趁駱駝吃得正香時，一刀砍了過去，將駱駝殺死了。他剝開駱駝的皮，挖出五臟六腑，分別埋入地裡，把駱駝肉帶回家烤著吃了。

「真是上好的駝肉啊！」圖伽對美味讚不絕口。

第二天，蘇爾坦見自己最愛的駱駝一夜未歸，便派人到城中尋找。侍從來到市集，看見百姓們正歡天喜地慶賀著什麼，便上前去打聽。

一位老伯伯興奮地說：「蘇爾坦的駱駝被人殺死了，終於天下太平了。」

侍從聽了，趕忙跑回王宮稟告實情。蘇爾坦勃然大怒，他召集文武百官和所有侍從，氣急敗壞地說：「我給你們三天時間，找出是誰殺死了駱駝。如果三天後沒有結果，就砍下你們的腦袋！」

大臣們聽了，紛紛散到各處，尋找作案人的痕跡。有人找到了駱駝的皮，有人挖到了駱駝的內臟，但就是沒人知道凶手在哪裡。

三天很快就過去了，大臣們垂頭喪氣地回到王宮。蘇爾坦見大臣們除了找到駱駝的皮和內臟以外，沒有任何收穫，頓時大發雷霆。他指著大臣們罵道：「你們這幫蠢貨！殺死我駱駝的人分明是在向我挑釁，他敢在我的國家裡冒犯我，難道你們還不明白嗎？來人，砍了他們的腦袋！」

大臣們被嚇得紛紛跪地求饒，正在氣頭上的蘇爾坦則毫不理會。這時，公主從大殿帷幕後走了出來，說道：「父王請息怒，剛剛女兒全都聽到了，我有辦法找到殺死駱駝的凶手，請您赦免了文武百官吧！」

聽了女兒的一席話，蘇爾坦感覺舒服多了。他問公主：「女兒，妳有什麼好辦法嗎？」

「父王，我曾經跟隨西域巫師學習過魔法。有一次，我在駱駝喝的水中施了魔法，駱駝喝了水，魔法也就滲入到牠的身體中。凶手挖出了駱駝的內臟，一定是親口吃了駱駝肉。這樣一來，只要我唸咒語，吃了駱駝肉的凶手鬍子就會全掉光。」公主笑著說道。

蘇爾坦非常讚賞女兒的妙計。他立即張貼公告，明日公主出城巡遊，所有百姓都要到街上歡迎。

第二天一早，蘇爾坦騎上高頭大馬，公主坐上了馬車，巡遊隊伍浩浩蕩蕩地來到城中。百姓們歡呼雀躍著歡迎公主到來，圖伽也在人群中推推擠擠，他很想一睹公主的美貌花容。

隊伍行進到人群最密集的地方停了下來，公主低頭喃喃唸咒，蘇爾坦則望向人群。這時，圖伽感覺下巴一涼，他用手摸過去，頓時傻了眼，曾經茂密的鬍子突然間變得一根不剩。而這一情景也被蘇爾坦看見，他立即吩咐士兵將圖伽抓住。

蘇爾坦拔出寶劍，頂著圖伽的喉嚨，說道：「你殺了我的駱駝，就要受懲罰，我要殺了你償命！」

話音一落，百姓們一片譁然，大家為小個子圖伽殺了強壯的駱駝感到驚訝，也對圖伽為民除害的勇氣讚嘆不已。

被劍頂著喉嚨的圖伽不慌不忙地說：「尊敬的陛下，駱駝確實是我殺的。您可以一劍刺死我，但您不想知道我殺駱駝的原因嗎？」

蘇爾坦被圖伽問得很尷尬，強詞奪理地說：「快告訴我原因，說完我再殺你！」

圖伽真誠地說道：「陛下，您公正無私、受人尊重，但您的寵物肆意踐踏百姓的莊稼，撞毀商人的攤位，卻沒有人敢去阻攔牠，也沒有人敢向您稟報。為了維護您和國家的榮譽，我只好殺了牠。」

蘇爾坦聽完圖伽的話，被他的忠誠與勇敢深深地打動，當場赦免了圖伽。公主也對圖伽產生了好感，於是解除了咒語，恢復了圖伽的鬍鬚，並請求父王賜婚。

蘇爾坦同意了公主的請求，選擇良辰吉日為女兒與圖伽成婚。

小知識：

在所有的美德之中，最強大、最慷慨、最自豪的，是真正的勇敢。

勇鬥邪惡魔術師——
孤女加米拉

加米拉是一個孤兒，在她很小的時候，父母就相繼去世了，只有她與祖母相依為命。祖母省吃儉用將加米拉撫養長大，成了一個文靜嫻雅、善良溫柔的女孩子。

一天，她們生活的城市裡來了一位魔法師，魔法師在鎮上租了一間房子，開始招收男女學員。他說他的學習班不僅價格低廉，還能學到其他地方學不到的東西。

很多人聽到這個消息後，都把自己的孩子送到魔法師那裡學習法術。祖母得知了這個消息，也將加米拉送了過去。

很快地，魔法師的學習班就開課了。加米拉遵紀守禮，聰明好學，魔法師非常喜歡她。她也很敬愛自己的老師，在加米拉的心中，魔法師是崇高與智慧的象徵。

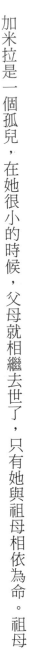

加米拉不僅在課堂上積極思考、主動學習，回到家也不忘溫故而知新。有一次，她在睡夢中醒來，還以為天亮了，生怕自己耽誤學習，趕忙穿好衣服向魔法師家裡跑去。

到了魔法師的家，加米拉用手輕輕推開虛掩的門，客廳沒有人，她以為已經開始上課了，就趕忙跑向讀書室。剛一進到房間，加米拉就見到了一個極其可怕的場面：她所敬重的魔法師正在剝一個倒掛在牆上的人的皮。她不由得驚叫了一聲，立刻轉身跑出魔法師的家，向自己的家中跑去。

為了防止加米拉把祕密洩漏出去，魔法師決定尋找機會將她殺死。

加米拉受到了刺激和驚嚇，四肢癱軟無力，額頭冒出虛汗。她整天臥床不起，腦海中不斷出現著魔法師剝皮的一幕，但她並沒有把事情說出去，就連自己最親近的祖母也不知情。

可是魔法師並沒有就此放過她。一天深夜，加米拉正在熟睡時，一雙強而有力的大手將她揪出被窩，飛到屋外，拉向高空中。加米拉拼命地掙扎與呼喊，可是她發現自己好像中了魔法，根本無法脫身。她努力地回頭看去，拉著她飛在空中的人，竟是自己最尊敬的魔法師。

加米拉猜到魔法師殺人滅口的歹毒想法後，便不再掙扎，不再叫喊。魔法師把她拉到了一片荒蕪的沙漠中，丟在一口枯井旁，隨後飄然離去。

加米拉望著浩瀚渺茫的沙漠，心中十分害怕。她不想就這樣死去，於是拼命地禱告，向真神阿拉求得幫助。

她禱告了一天一夜，終於，沙漠中走來一位白鬍子老人。老人牽著駱駝，緩緩走到加米拉身邊，溫和地問道：「小姐，妳怎麼一個人在沙漠裡呢？」

眼前的老人慈祥和藹，加米拉漸漸消除了恐懼，對老人說：「老爺爺，請您聽聽我的遭遇吧！」

於是，加米拉將自己的所見所聞一一告訴了老人。老人聽後，堅定地說：「妳別害怕，我通曉捉妖降魔的法術，一定能將那個作惡多端、殘害無辜的惡魔捉住，為民除害。」

加米拉謝過老人後，便騎上了老人的駱駝，向自己的家鄉走去。

兩人日夜兼程，走了十天，終於回到了家鄉。祖母見到了日思夜盼的孫女，老淚縱橫地說：「我的孩子，妳到哪裡去了？我每天向真神祈禱，終於把妳盼回來了！」

加米拉一邊安慰祖母，一邊將自己的遭遇告訴了她。祖母聽後恍然大悟，她氣憤地說：「這個可惡的魔法師，我真後悔把自己最愛的孫女送到他那裡去。」

「祖母別生氣，這個老爺爺在沙漠中救了我，他有辦法除掉那個可惡的偽裝者。」

當晚，加米拉帶著老人，悄悄來到魔法師家門口。加米拉小心地推開房門，潛入屋中，老人緊隨其後。到了讀書室門口，加米拉趴在門縫上看去，只見魔法師正在認真地剝一個小男孩的皮。老人見狀，知道魔法師又在作惡，便破門而入，大喊道：「你這惡魔，來受死吧！」

老人指著魔法師，嘴中唸著咒語。魔法師立刻就渾身酸軟，癱倒在地。咒語把魔法師折磨得渾身顫抖，他痛苦地哀求著老人和加米拉，但他們並不為所動。這時，老人唸完了咒語，從腰間掏出一把寶劍，猛地砍掉了魔法師的頭。

加米拉見狀，趕忙跪謝老人。這時，老人微微一笑，對她說：「孩子，妳的正義和勇敢打動了真神，希望今後妳能繼續懲惡揚善，我會在暗中幫助妳。」說完，老人化成一團白霧，飄散在空中。

第二天，加米拉和祖母將魔法師的醜陋罪行向百姓們說明，大家都對魔法師恨之入骨，將他的屍體扔到野外餵狗。

談起那個為民除害之後離奇消失的神奇老人，大家都說：「他是加米拉向真神禱告的結果，是加米拉的護身符。」

小知識：

哪裡有正義，哪裡就是聖地。擁有正義感的人，在哪裡都是安全的，即使遭遇不幸，那也只是暫時的。

智救群臣——
足智多謀的宰相

阿拉伯有一位國王，他佔有慾很強，只要是自己喜歡的東西，就會不顧一切地據為己有。

一天，國王做了一個夢，夢中出現一匹神馬向他恭敬地行禮點頭，神馬又高又壯、皮毛光亮、四肢靈活、烏黑有神的雙眼中間有一撮白色的毛，國王十分喜歡牠。

夢醒後，國王向滿朝文武大臣描述了神馬的模樣，並下令讓大家幫他尋找神馬。

一天，有位商人牽著一匹馬來到王宮外求見。國王走到殿外，驚喜地看著商人的馬。「這匹馬和我夢中的神馬簡直一模一樣，終於讓我找到了！」國王立刻命人付給商人一千金幣，把馬留了下來。

找到了夢寐以求的神馬，國王愛不釋手，小心呵護。無論是誰從馬廄或牧場回來，他都要詢問一番，而大臣們也總是說：「陛下放心，神馬很好。」

這時，國王就會回答：「我非常愛我的神馬，無法接受關於牠的壞消息。如果有人告訴我神馬死了，我一定會砍他的頭。」

可是，每個生命都要遵循生、老、病、死的自然規律，無一倖免。有天國王的神馬突然得了重病，獸醫們竭盡全力進行醫治，但神馬還是病重而死。

大臣們都害怕極了，議論道：「如果國王知道神馬死了，一定會砍我們的頭，這可怎麼辦呢？」

大臣們你一言我一語，誰也沒有免除此劫的好辦法。於是眾人決定，在沒有好主意之前，盡量隱瞞神馬已經死亡的事實。

俗話說，沒有不透風的牆，神馬死亡的消息很快就在城中傳開了。百姓們每天走街串巷地交頭接耳，神馬的死訊也成了全城皆知的祕密，唯獨國王還被蒙在鼓裡。

每當他問起有關神馬的情況時，大臣總是回答：「陛下放心，神馬從沒有像現在這麼好過。」

日子一天天過去，大臣們憂心忡忡地聚在一起討論道：「現在百姓們都已經知道了神馬的死訊，總這麼瞞著國王真不是辦法，我們得盡快想個辦法了。」

「不如我們去找宰相，他足智多謀，樂於助人，一定有辦法幫助我們。」一位大臣說。

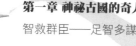

就這樣，所有的大臣都跑到宰相家，他們將神馬的死訊告訴了宰相，並懇求道：「您是本朝最大也是最受國王重用的臣子，如果您把神馬的死訊告訴國王，他會放過您的。」

看著淚流滿面的同僚們，宰相說：「你們忠心為國，各盡職守，不能因為一匹馬而送了性命。請你們放心，我一定有辦法解救大家。」

宰相送走了大臣們，並沒有急於回宮見國王。他收拾了行李，到一個遙遠的城市旅行去

了。

之後的幾天裡，國王一直見不到宰相，非常納悶。他問群臣：「愛卿們，你們知道宰相去哪裡了嗎？」

「稟告陛下，不知道。」大臣們紛紛搖頭。

幾天後，宰相回來了，他到王宮向國王表示問候。

國王急切地說：「宰相，你去哪裡了？我一直很擔心你。」

「陛下，我回鄉下老家去了，當地的村民和各種畜生都在讚美您呢！對了，剛才我路過馬廄，您的神馬真是太可愛了，牠四腳朝天，肚子鼓鼓的，正在向您行大禮。」

聽完宰相的話，國王感覺有些糊塗，他問道：「神馬是不是在打滾？」

「牠沒打滾，我從來沒見牠這麼快活過，牠所有的部位都各得其所了。」

國王越聽越不明白，他問宰相：「你到底在說什麼呀？」

宰相答道：「陛下，神馬每個部位都各得其所了。牠的味道在空中飄散，牠的一隻眼睛在老鷹的嘴裡看著我，另一隻眼睛在烏鴉的嘴裡看著我，牠的一塊骨頭在野狼嘴裡，一塊肉被野貓叼上樹，我從沒見牠如此快活過。」

聽到這兒，國王的臉頓時變得鐵青，他氣急敗壞地說：「你這個傻子，神馬死了！牠死了！」

這時，宰相對國王說：「陛下，您親口說自己的馬死了，犯下了您的忌諱，這可是要掉腦袋的啊！」

國王頓時恍然大悟，為了不讓自己的腦袋搬家，只好委婉地說：「那不過是一句戲言，不要當真。你將神馬的噩耗巧妙地告訴了我，我就不怪罪你了，你真是個足智多謀的人。」

就這樣，宰相用智慧救了文武百官。

小知識：

擁有無限的聰明智慧，加上善於計議與策劃，才稱得上是足智多謀，但前提是要有一顆公平與正義的心。

第二章 真情澆灌出美好之花

為了幸福放手一搏——
小鞋匠哈迪

阿拉伯有一位蘇爾坦，他德高望重、事事順意，只有一件事讓他感到非常苦惱。他有一個女兒，長得清秀俊俏、惹人憐愛，但她長大成人後突然變得沉默寡言，幾個月、甚至一整年都不講一句話。為此，蘇爾坦十分擔心女兒的未來。他想盡辦法讓女兒開口，可是女兒就是金口緊閉。

日子一天天過去，女兒也到了嫁人的年紀。雖然前來提親的貴族很多，但一見美麗的公主一言不發，便都紛紛搖頭而去。蘇爾坦為女兒的婚事著急上火、寢食難安，他苦思冥想，終於想到了辦法。

一天，蘇爾坦向百姓宣布，不管誰來求婚，哪怕是低賤的貧民，只要能讓公主開口說話，就同意把公主嫁給他。否則，就砍下腦袋掛在城樓外。

消息很快傳遍了全國，人們都渴望娶到公主，但又很害怕掉腦袋。也有些利慾薰心的人，貪圖富貴，抱著僥倖心理想去試試。

第一個來求婚的是個騎士。他見到公主後，使出渾身解數，對公主百般討好。可是公主依然雙唇緊閉。第二天早上，騎士的腦袋被砍下，懸掛在了城樓外。

接著，第二個、第三個，直到第二十顆腦袋被掛在城樓外，就再也沒有人敢來求婚了。

城裡有一個叫哈迪的小鞋匠，他善良勇敢、聰明機智。他曾在蘇爾坦巡遊的時候見過公主，從那時起，他就對美麗的公主萌生愛意。由於自己出身卑賤，無法與公主相配，他就把這份感情深深藏在了心裡。如今蘇爾坦發布了公告，為了自己的幸福，哈迪決定放手一搏。

哈迪來到王宮向蘇爾丹求婚，蘇爾坦問：「你叫什麼？什麼職業？」

哈迪回答：「尊敬的陛下，我是城中一名鞋匠，我叫哈迪。」

蘇爾坦聽後輕蔑地說：「可憐的小鞋匠，明天一早，你的腦袋就會搬家的。」

「我一定能讓公主開口，娶得美人歸！」哈迪堅定地說。

於是，蘇爾坦吩咐一名親信帶哈迪進入公主的房間，並在場見證公主是否說過話。

哈迪見到了自己的夢中情人，恭敬地行

了禮。然後轉身對蘇爾坦的親信說：「兄弟，明天我就要死了，臨死前我想和你聊聊天，你為我說個故事好嗎？」

親信嚴肅地回答：「我可沒有故事好講。」

哈迪說道：「那讓我講一個給你聽吧！」

親信點點頭，哈迪便講起來：「很久以前，有一個技藝超群的木匠，他用掉全部的心血雕刻了一個女子。這個女子體態婀娜，栩栩如生。為了裝扮它，木匠找來了首飾匠，請他為木雕女子做些首飾。

「木雕女子戴上首飾匠精心雕琢的首飾，變得光彩奪目。

「『真主啊，它要是個活人該多好啊！』木匠感嘆說。

「『真主啊，如果能賦予它人類的靈魂，就更完美了。』首飾匠也被木雕女子的神采吸引。

「話音剛落，木雕女子的眼睛轉了轉，腰肢扭了扭，身子動了動，在地上走起來。木匠和首飾匠張大嘴巴，看得目瞪口呆。他們一邊感謝真主，一邊盯著眼前美若天仙的女子，很想把她據為己有。

「木匠說：『是我親手雕出這個女孩，她理當屬於我。』

「『不，如果沒有我的精心裝扮，她不可能這麼漂亮，她應該是我的。』首飾匠說道。

「他們兩個人你爭我搶，互不相讓。」

說到這兒，哈迪問蘇爾坦的親信道：「兄弟，如果請你裁決，你說她應該屬於誰？」

親信沉思了一會兒說：「木匠和首飾匠都有功勞，真不知道該屬於誰。」

這時，坐在一旁認真聽哈迪講故事的公主說道：「這位女子應該屬於真主，是真主賦予了她生命。」

親信一見公主開口說話了，大吃一驚，立刻跑去告訴蘇爾坦：「陛下，公主開口說話了！」

蘇爾坦瞪大眼睛，不敢相信。

親信把整個過程一五一十地向蘇爾坦彙報了一遍。蘇爾坦聽後，對哈迪的聰明才智連連讚嘆。

最後，他認可了這個小鞋匠，並選擇了良辰吉日，為公主和哈迪舉行了婚禮。

小知識：

當一個人不再懼怕任何東西的時候，他的精神會變成世上最強大的力量，推動他走向成功與勝利。

讓丈夫心服口服——

聰穎嬌妻卡加莎

阿拉伯國王有一個兒子，這個王子英俊魁梧、強壯結實。而離皇宮不遠處住著一位富商，他有一個聰穎美麗的女兒，名叫卡加莎。

一天，王子出宮，正巧看見在陽臺澆花的卡加莎。王子便問：「美女，妳澆的花有多少片葉子？」

卡加莎笑著說：「王子，你知道天上有多少顆星星嗎？」

王子被問得啞口無言，他氣急敗壞地走了，心裡決定報復一下卡加莎。

王子打扮成賣花的商人，在卡加莎家門前叫賣：「賣花嘍，世界上最美的花！快來買喲！」

卡加莎聽到叫賣聲，便叫僕人去買一盆花來。僕人走到王子面前選花，王子低聲對僕人說：「車上的花隨便你拿，統統不要錢。我只要求吻一下你的女主人。」

僕人一聽不要錢，便滿口應允說：「好，晚上你來找我吧！」

當晚，僕人帶著王子溜進卡加莎的房間。王子抱著卡加莎，從頭吻到腳，然後悄悄從後門溜走了。

第二天一早，卡加莎依然到陽臺澆花。王子走到陽臺下說：「美女，昨晚睡的好嗎？有沒有被賣花的商人親吻啊？」

卡加莎一頭霧水，王子大笑著說：「別怕，我就是那個商人，昨晚我吻遍了妳的全身。」

卡加莎驚慌失措，趕忙找來僕人問話。在問出了真相後，卡加莎決定以牙還牙。

她把自己全身染成黑色，打扮成妖豔的黑奴，然後叫人把自己獻給王子。黑奴偷偷在酒中撒下迷魂藥，然後向王子跳舞獻酒。王子喝了一口酒便昏了過去。卡加莎遂拿出剃刀，把王子的鬍子剃光，還把一根黃瓜插進王子的嘴裡，然後逃出皇宮。

王子酒醒後，發現自己被侮辱，氣得不得了。

幾天後，王子路過卡加莎家，卡加莎得意地說：「王子，黃瓜好吃嗎？」

王子氣得直跺腳，他發誓一定要把卡加莎娶回來，好好欺負她。於是，他正式向富商求婚，順利地娶到了卡加莎。

婚禮結束後，王子脫掉卡加莎的婚紗，把她推進地窖裡，扔下幾件粗布衣服後說：「告訴妳，女人是鬥不過男人的。」說完，他關上了地窖門。

卡加莎一點也不害怕，她在女巫的幫助下，通過地道回到自己的家中。這樣，她每天都跑回家，只在王子送麵包和水的時候回到地窖。

一天，王子打開地窖對卡加莎說：「自以為聰明的女人，明天我就要去蘇爾逍遙快活了，妳乖乖待著吧！」

王子關上地窖門後，卡加莎趕快回到自己家中。她準備好行裝後立即出發，要趕在王子前到達蘇爾。

王子到達蘇爾後，發現風景區中有人用天鵝絨搭起了一座帳篷。他走進一看，只見帳篷中躺著一位皮膚白皙、長相清秀的美女。王子對帳篷外的僕人說：「我想見見你家美麗的女主人，可以嗎？」

僕人回答：「想與我家女主人交好，必須到城裡撿三天馬糞。」

為了美色，王子只好同意，他在城裡撿了三天馬糞後回來找美女。僕人為王子洗澡，換了乾淨的衣服，帶到美女面前。美女優雅地轉過身，對王子說：「想與我交好，除非你與我有婚約，並以你的寶劍做為信物。」王子被美女的聲音深深迷住，毫不猶豫地交出了寶劍。

就這樣，他們墜入了情網。王子與美女日日纏綿，竟然沒有認出她是自己的妻子卡加莎。過了一個月，王子必須回國，他與美人依依不捨地道別。而此時，卡加莎已經有了身孕。

王子回到皇宮，卡加莎也早已跑回地窖。王子打開地窖，得意地說：「我在蘇爾認識了一位美若天仙的少女，我們甜蜜極了！」

卡加莎笑著說：「你撿了三天馬糞，滋味如何？」說完，卡加莎把王子的寶劍扔出地窖。

王子徹底傻眼了，他知道這次又輸給了卡加莎，那個美女竟然是自己的妻子。他把卡加莎抱出地窖，慚愧地說：「原來自作聰明的人是我，男人和女人是平等的。」卡加莎親吻了王子，他們從此相親相愛地過日子。聰穎的嬌妻卡加莎為王子生下一名男嬰，他們為孩子取名「蘇爾」，紀念那段難忘的回憶。

小知識：

聰明才智的土壤中有三顆種子：好的思想、好的語言、好的行動。卡加莎正是用這三顆種子，征服了丈夫，獲得了幸福。

用生命換來的友情——
哈瓦爾與哈桑

哈瓦爾是阿拉伯一位富商的獨生子，他對於父親欺壓百姓從中騙取錢財的卑鄙行為，感到非常不滿。他不願意成為父親的接班人，繼續做坑矇拐騙的生意。於是，在一個風和日麗的早晨，哈瓦爾騎上馬，背上行囊，離家出走了。

哈瓦爾翻山越嶺，來到了一個海濱城市。他牽著馬在街上遊走，打算先找一個住處，再學一門手藝，憑本事賺錢養活自己。

走著走著，哈瓦爾的背後傳來了女人的聲音：「尊敬的先生，您是外鄉人吧？請問您要到什麼地方去呢？」

哈瓦爾沒有作答，轉過身，看見一位年輕苗條的女子。女子見哈瓦爾面龐俊秀、一表人才，便繼續對哈瓦爾說：「是我跟著你，還是你跟著我呢？」

哈瓦爾聽出了女子話中有挑逗的意思，儘管他無家可歸，但也不願被女人牽著鼻子走。於是他硬氣地答道：「妳跟著我！」

就這樣，哈瓦爾走到哪裡，女子都順從地跟著。哈瓦爾想甩掉這個女子，故意加快腳步，穿過許多街邊小道。但女子一路小跑，依然緊緊不放地跟著他。天色漸漸暗下來，哈瓦爾萬般無奈，只好硬著頭皮，假裝做出打算回家的樣子。

他走到市集盡頭的一戶人家門前，指著上了鎖的大門對女孩說：「僕人可能出去買東西把門鎖上了，反正妳也知道我家了，妳下次再來找我吧！」

「既然你是主人，就把鎖砸開吧！等僕人回來再換新的。」女子說。

哈瓦爾為了圓謊，只好照做。他砸開門鎖走了進去，屋裡空無一人，客廳的方桌上擺著茶和點心。女子跑進去大吃大喝起來，而哈瓦爾卻心神不寧，他不知如何向這個家的主人解釋自己的過分行為，心中充滿自責。

傍晚時分，有人推門而入，哈瓦爾立

刻意識到是真正的主人回來了，便快步跑向門前，摟住主人說：「噓！我為私闖你家的行為向你道歉，不過我希望你聽我把話說完。」

眼前的場景讓主人有點摸不著頭緒，他茫然地點點頭。

哈瓦爾將自己離家出走並遇到女子的事情全盤說出，然後解釋道：「我感到很慚愧，為了維護自己的尊嚴，而打擾了您的生活。」

「你放心吧！我一定保守祕密，給足你面子。從現在起，你來當主人，我當你的僕人，我叫哈桑。」

哈瓦爾聽後，非常感激。他和哈桑走到女孩面前，說道：「這是我的僕人，他剛才去市場買東西了，這就準備晚飯。」

哈桑低頭跑進廚房，端出了許多零食茶點。女子見僕人畢恭畢敬的樣子，心中起了狂妄之念。她突然拍案而起，指著哈桑大聲呵斥道：「你這狗奴才！出去買菜為什麼把主人鎖在門外，我要狠狠地教訓你這狗頭豬腦的蠢東西！」

為了朋友的面子，哈桑一言不發地忍耐著。女子髒話連篇，她一邊咒罵哈桑，一邊摔家裡的東西。哈瓦爾在旁邊，看著為了自己的臉面而遭到辱罵的哈桑，以及越來越放肆的女子。不由得怒火中燒，實在忍無可忍，掏出匕首，刺死了女孩。

其實哈瓦爾並不知道，這個可惡的女子是魔鬼變成的，就是想置他於死地。

哈瓦爾跪拜在哈桑面前，說道：「老兄，這個女人無理取鬧，讓你為了我承受著羞辱，對不起。」

哈桑趕忙將哈瓦爾扶起，想了一下，說道：「現在最重要的是我們要想個辦法把屍體處理掉。離這不遠有條河，我們把屍體包好，扔進河裡吧！」

哈瓦爾點點頭。

哈桑找來一條草席，他們齊力將屍體捲起包好。哈桑便扛起草席，朝河邊走去。

沒走多遠，哈桑便遇到了巡邏隊。

隊長看他行為可疑，盤問道：「你在幹什麼？」

「家裡太熱，我想到河邊睡覺去。」哈桑解釋說。

「現在已經是初秋，不應該熱得睡不著覺，這裡面一定有鬼。」隊長命令道：「打開席子讓我看看。」

隊員們將哈桑的席子打開，發現了女子的屍體，他們立即逮捕了哈桑，將他押入了大牢。

三天過去了，哈瓦爾在家中坐立難安，很擔心自己的朋友。他跑到街上打探消息，發現廣場中央聚集了許多人。哈瓦爾擠上前一看，驚訝地張大了嘴。原來，國王將在這裡斬首一名殺人犯，而這犯人正是哈桑。

哈瓦爾想都沒想，立刻跳上斷頭臺，跪拜在國王面前呼喊：「放了他，我才是殺人凶手！請國王放了他！」

「不！人是我殺的，處我死刑吧！」哈桑辯解道。

圍觀的百姓們一片譁然，國王也糊塗了。哈瓦爾將整個事情一五一十地向國王講述清楚，國王恍然大悟。他說道：「你們兩兄弟一個見義勇為、勇敢忠誠，一個慷慨大方、不怕犧牲，我很讚賞你們的精神，現在就赦免你們。」

那位變成女子的魔鬼在空中看到了這一切，他被人類美好的情感所震撼，悻悻地離開了。

小知識：

得不到友誼的人將是終身可憐的孤獨者，沒有友情的社會則只是一片繁華的沙漠。

巧施妙法懲治色狼——商人之妻普亞娜

商人賽米爾有一位十分漂亮的妻子名叫普亞娜，她談吐優雅、大方得體，街坊鄰居都很欣賞她。

一天，賽米爾要去城裡辦事，於是他對普亞娜說：「親愛的，我要到城裡做點生意，三天以後就回來，我會買禮物給妳的。」

普亞娜溫柔地說：「親愛的，我不要禮物，只要你平安回來。」

賽米爾擁吻了美麗的妻子後，便收拾行囊出發了。

到了城裡，賽米爾順利地談完生意，便到市集上為妻子挑選禮物。他走進一家銀鋪，對銀匠說：「請你為我的妻子打造一副美麗的鐲子吧！」

銀匠詢問了鐲子的大小、份量和圖案，心裡猜想著：「會做這樣華麗的鐲子，他的妻子一定很漂亮。」

想到這裡，銀匠心生邪念，便在鐲子上施了魔法。

第三天，賽米爾到銀鋪取了做好的鐲子，興高采烈地回了家。他把禮物遞到普亞娜的手

中，銀鐲圖案華麗，爍爍放光。普亞娜高興得合不攏嘴，撲到賽米爾懷裡親吻了他。

普亞娜將一只銀鐲戴在左腳上，突然感覺自己輕飄飄的，站都站不穩。賽米爾以為是妻子太高興了，於是幫她戴上了右腳的銀鐲。突然，普亞娜雙腳離地，飄出房間，飄到院子裡。她越飄越高，終於消失得無影無蹤了。

妻子不翼而飛，賽米爾悲痛萬分，他努力讓自己鎮定下來，想辦法找回妻子。突然，他靈機一動，心想：「妻子就是戴上銀鐲才飛起來的，一定是那銀匠搞的鬼，解鈴還須繫鈴人，我也要找位懂魔法的人。」

於是，賽米爾去找了他的鄰居求救。鄰居是一位通曉各種巫術的大魔法師，賽米爾把事情的來龍去脈向魔法師講明，並懇求魔法師出手相助。魔法師對賽米爾說：「我們是鄰居，平日你的妻子總是在許多事上幫助我，她是個善良的好女人，我一定會幫你找回她的。」

說完，魔術師到院子裡找來一把掃帚，和賽米爾一起騎上去。他口中喃喃唸著咒語，突然，掃帚離開了地面，朝銀匠家裡飛去。

過了不久，掃帚就緩緩落到銀匠家的院子裡。「普亞娜，妳在哪裡？」賽米爾焦急地喊著。這時，銀匠從屋裡慌忙跑了出來，他擋住房門，阻止賽米爾。魔術師低聲唸著咒語，手朝銀匠一指，銀匠瞬間變成了一頭綿羊。綿羊在院子裡一邊轉圈一邊咩咩叫，賽米爾趁機鑽進屋內，找到了妻子。

普亞娜衝進丈夫的懷裡，哭訴道：「真主保佑，幸虧你們即時趕到，不然我就……」

魔術師用法術教訓著變成綿羊的銀匠，一會兒讓綿羊撞牆，一會兒讓綿羊倒立，把賽米爾和普亞娜逗得哈哈笑。綿羊哀求著說：「大人，求你饒了我吧！我再也不害人了。」

「哼，我要把你的法術收走。」說完，魔法師收了銀匠的法術，並把他變回原形。

賽米爾和普亞娜又回到原本幸福的生活，他們經常請魔術師來家中做客，三個人成了無話不談的好朋友。不久，普亞娜生下一名男嬰，他們將兒子撫養長大後送到清真寺念書。

一天，普亞娜接兒子回家的路上，正巧被教書先生碰到。普亞娜美麗的面容和優雅的談吐深深吸引了教書先生，他想把這個美人據為己有。於是第二天上學，教書先生便對普亞娜的兒子說：「你趕快回家，把你媽媽梳下的頭髮拿來給我。」

兒子返回家，把教書先生的話告訴了普亞娜。聰明的普亞娜打算好好教訓一下這個色狼，她到門外的地毯上梳下一把羊毛，然後包裝好，讓兒子帶給教書先生。

第二天，在學校典禮儀式上，普亞娜的兒子將東西交給了教書先生。教書先生口中唸唸有詞，就見一塊地毯朝他飛來，重重地砸在他的頭上。信徒們被教書先生滑稽的舉動逗得前仰後合。被人取笑的教書先生明白了怎麼回事，趕忙跑回房間，再也不敢出來了。

小知識：

請告訴我誰不是奴隸。有的人是「色慾」的奴隸，有的人是「貪婪」的奴隸，有的人是「野心」的奴隸，所有的人又都是「恐懼」的奴隸。

忠誠的友誼——

酋長之子與落魄商販

阿拉伯的部落裡有一位可怕的酋長，他脾氣暴躁，經常無緣無故打罵別人，還用惡毒的語言中傷他人，村民們敢怒不敢言，對他十分懼怕。

一天，酋長對自己的兒子艾德莫名其妙地大發雷霆，他當著眾人的面，惡言惡語羞辱著艾德，還用木棍打他。艾德顏面掃地，氣沖沖地離家而去。

艾德騎著馬，翻過一座大山，來到一個小鎮上。體力快要耗盡的他看見不遠處有一個麵包店，便快步走了進去。屋裡沒有人，櫃檯中麵包散發的香味刺激著艾德的味蕾，飢餓充斥著他的身體。身無分文的艾德衝向櫃檯，拿起幾個麵包猛吃了起來。

這時，麵包店的老闆查比爾從裡屋走了出來，他看見艾德正在偷吃麵包，便走上前問道：「你為什麼闖進來偷吃我的麵包？」

此時的艾德已經吃下了三個麵包，漸漸恢復了體力。他把自己的艱難處境如實告訴了查比爾，並誠心懇求他的原諒。

查比爾聽完艾德的遭遇後，並沒有遷怒於他，反而和氣地說：「朋友，我很同情你，如果你不嫌棄，就在我家住下吧！順便和我一起打理生意。」

就這樣，艾德住進了查比爾的家。他們白天一起開店經營，到了晚上就飲酒談心。有了艾德的幫助，麵包店的生意越來越好，兩人的生活也越來越富足。日子久了，兩人成了無話不說的好兄弟。

自從艾德走後，老酋長天天茶不思飯不想，衰老得非常快，他終於反省到自己不尊重他人的錯誤。於是，他托人去尋找艾德，並寫了一封信，真誠地向兒子道歉。很快地，信就送到了艾德手裡。

艾德看過父親的信，喚起了對家鄉親人的思念。於是他對查比爾說：「我的父親現在很需要我，我想我得回去了。」

「好的，祝你一路平安，我會想念你。」查比爾熱淚盈眶地說。

第二天一早，查比爾為艾德準備好乾糧和水，並送給他一袋金幣。艾德握著查比爾的手，激動地說：「我向真主發誓，無論貧窮富貴，我們都是永遠的兄弟。」

說完，艾德便快馬加鞭，向部落趕回去。

艾德回到家，發現父親已滿頭白髮，年老力衰，於是他果斷地接替了酋長的位置。年輕的艾德用查比爾給的金幣重建部落，他管理有方，尊老愛幼，受到了村民們的一致擁戴。他每天操持部落事務，妹妹則在家照顧父親，生活得安定祥和。

艾德走後，查比爾的麵包生意每況愈下。他知道過去生意興隆全是因為艾德經營有方，如今少了他，查比爾只好眼看著麵包店倒閉，最終關門大吉。

貧困潦倒的查比爾受到街坊的排擠和同行的譏諷，他再也過不下去了。於是，他變賣了房屋，買了一匹駱駝，朝著艾德臨走時留下的地址走去。

在路上，查比爾遇到了一個魔鬼。魔鬼想拉攏他一起學習魔法，在問明查比爾此行的目的後，魔鬼欺騙他說：「艾德早就將你拋到腦後了，你現在去找他，他是不會理你的。」

查比爾堅定地說：「我的朋友是忠實的，我相信他！」說完，他頭也不回地離開了魔鬼。

幾天後，查比爾來到了艾德的部落。艾德熱情地接待了他，並為他準備一間乾淨華麗的屋子。當他得知查比爾的不幸遭遇時，安慰他說：「我曾發誓和你當永遠的朋友，所以請你不要客氣，就把這裡當作你的家。」

查比爾感激萬分地說道：「艾德，能和你做朋友，是我這一生中最大的福氣。」

於是，查比爾在部落開始了他的新生活。他每天都幫助村民做些能力所及的事，還教大家學習烘焙糕點的方法，並親手做了一份美味可口的蛋糕送到艾德家。艾德的妹妹被這位特別的客人深深吸引，她每天都去找查比爾學習烘焙手藝，兩人慢慢地培養出了感情。艾德看懂了妹妹的心思，決定促成這門親事。

一天傍晚，艾德與查比爾喝酒談心。他找到了一個恰當的時機，詢問查比爾：「你覺得我的妹妹怎麼樣？」

查比爾答道：「她孝敬老人，善良可愛，我很喜歡她。」

「那你願意娶她為妻嗎？」艾德試探著問。

「我當然願意，求之不得。」查比爾笑著說。

艾德喜上眉梢地說：「太好了，你娶了我的妹妹，我們就是親人了！」

過了幾天，艾德為妹妹和查比爾舉辦了隆重的婚禮。

從此，這對朋友互相信任，忠誠於彼此，一直到老。

小知識：

真正的友誼之花，需要用忠誠去播種，用熱情去灌溉，用原則去培養，用諒解去護理。

善良的男人娶好妻──

老婆婆選婿

遙遠的阿拉伯有一位聰明的老婆婆，她年輕時學過一些魔法，能把自己變成各種模樣，讓人無法辨認她本來的面貌。老婆婆有一個女兒，名叫莎莉。她天生麗質、文靜優雅，只要看上一眼便難以忘記。莎莉是當地出了名的美女，從小被母親嚴加管教，長大後變得落落大方、彬彬有禮，很多男人都對她傾慕不已。眼看莎莉到了婚嫁的年齡，前來提親的公子貴族絡繹不絕。老婆婆對莎莉說：「乖女兒，我要親自為妳挑選一位合格的丈夫，也算是為自己選一個優秀的女婿。」莎莉非常相信她的母親，便欣然同意。

一天，媒婆帶著幾個青年來相親。老婆婆正巧在田間務農，於是莎莉接待了他們。莎莉請他們坐下，沏好茶後，說道：「我的婚姻大事由母親做主，請各位稍等片刻，我去請母親回來。」幾位青年被莎莉優雅的舉止和悅耳的聲音深深迷住，他們耐心地等待著莎莉回來。

莎莉來到田間，對老婆婆說：「媽媽，快回家吧！家裡來了幾位相親的客人。」

老婆婆笑著說：「乖女兒，妳先回家，我隨後就到。」

莎莉點點頭，轉身離去。這時，老婆婆一唸咒語，變成了一位又老又醜的胖老太婆。她弓著身子，一扭一扭地到了家門口。

老太婆推開院門，假裝摔了一跤，接著，她一邊哭一邊呻吟地唱著歌：「我又老又胖，路也走不動，總是摔倒……」

前來相親的幾位年輕人見到老婆婆走路的樣子，紛紛嘲笑起來。還用手指指點點地說道：「你們看，這胖老太太走起路來多麼滑稽啊！」

聽了這話，老婆婆默唸咒語，立刻恢復了原形。她走進屋內，問幾位青年：「我是莎莉的母親，你們有什麼事？」

青年們一一說出了想娶莎莉為妻的願望，但都被老婆婆拒絕了，她說：「我們莎莉是窮苦出身的孩子，不習慣你們的富貴生活，她不需要你們這樣的丈夫。」

無奈之下，青年們只好離開了。

過了幾天，蘇爾坦國王的兒子在侍從的陪同下來到莎莉家提親。莎莉熱情地接待了他們，並對王子說：「我的母親剛好不在家，我去找她回來。」

王子被悅耳的聲音迷得丟了魂，用無限渴望的眼神看著莎莉出門。

老婆婆像上次一樣讓女兒先走，自己用魔法變成了一個渾身髒兮兮的醜老太婆。她一進院門，照例摔了跤，一瘸一拐地走路，嘴裡還唱著那首歌。

王子見狀，笑得合不攏嘴。他指著老婆婆嘲笑道：「你們快看，這個老太婆又髒又醜，多可笑啊！」

老婆婆聽了這話，立刻恢復了原形，走進屋中。王子向她說明了來意，但老婆婆拒絕道：「不行，我的女兒從小自由慣了，她不會喜歡王宮裡禁閉的生活。」王子鬱悶地走了。

又過了幾天，宰相的兒子伯哈義帶著侍從前來提親。莎莉熱情地接待了他，並對他說：「我的母親在田間勞作，等我請她回來再和你談吧！」

「好的，妳辛苦了。」伯哈義畢恭畢敬地對莎莉說。於是，老婆婆還是像前兩次一樣，用魔法變成一個又黑又醜的老太婆。她推開院門，哭哭啼啼，還不時跌倒，嘴裡哼哼唧唧地唱著：「我又老又醜，路也走不動，總是摔倒……」這時，伯哈義看見老婆婆摔倒，立刻跑出屋子，將老婆婆攙扶起來，關切地問道：「老婆婆，您怎麼了？」跟隨伯哈義一同前來的侍從忍不住了，捂著嘴嘲笑起老婆婆來。伯哈義見狀，生氣地訓斥道：「閉嘴，你怎麼能嘲笑老人！」

說罷，伯哈義拍去老婆婆身上的灰塵，慢慢地攙扶著老人來到屋中坐下。這時，老婆婆一唸咒語，恢復了本來的面貌。她問伯哈義：「小伙子，你是來幹什麼的？」

伯哈義恭敬地向老婆婆行了禮，答道：「老婆婆，我是來向莎莉小姐求婚的。」

老婆婆想：「只有這個善良的好男人才配得上我的女兒，他也一定會是個孝順的女婿。」老婆婆越想越高興，便點頭同意了這一門婚事。

小知識：

在一切道德品質之中，善良的本性是最重要的，也是做人最基本的美德。

表裡如一的美人魚──哈爾王子娶妻

阿拉伯有一位英俊勇猛的王子名叫哈爾，他早就聽說遙遠的赫茲國有一位美若天仙的公主。十八歲生日那天，哈爾告別了父親，決定到赫茲國向公主求婚。

哈爾騎上一匹駿馬飛馳起來，跑啊跑，一直跑到了大海邊。他對港口的水手喊：「請問，去赫茲國怎麼走？」

「上這艘船，我帶你去。」船長答道。

於是，哈爾牽著馬，登上了船。船長看到衣著華麗，滿身珠光寶氣的哈爾，心裡打起了歹主意：「他一定是個富貴人家的公子，等船開到大海當中，我就下手。」

水手們揚起帆，船漸漸離開了港灣，駛向大海。船長端來一杯放了迷藥的熱茶，殷勤地對哈爾說：「海上冷，喝杯熱茶暖暖身子吧！」

哈爾感激地喝下了熱茶，不一會兒就昏倒在甲板上。

船長扒下哈爾的絲綢衣服，取下他的寶石戒指，搶走了他的錢袋。然後給他換上了又髒又破的麻布衣，戴上了手銬和腳鐐。

過了片刻，哈爾漸漸甦醒過來。他看到自己的樣子，明白自己中了船長的陰謀詭計。於是他拼命地掙扎，腳踝被鐵鐐弄得鮮血淋淋，可是依然沒有掙脫出來。

船長走過來，大笑著說道：「小子，我要把你賣給有錢人家當奴隸。」

船繼續前行，駛到了海中央。這時，一陣狂風襲來，緊接著電閃雷鳴，暴雨從天而降。洶湧的海浪撞擊著大船，差點把船掀翻。突然，海面捲起一個大浪，拍向甲板，把哈爾推到海裡。他戴著沉重的手銬腳鐐，根本沒法游泳，只能不斷地向下沉，一直沉到了海底。

海底有一群美女正在身旁一塊礁石上唱歌跳舞，她們看見了哈爾，異口同聲地說道：「好英俊的小伙子，快把他帶到小姐那裡去。」

這群美女將哈爾拉到一個洞穴中，並對他施了魔法，讓他在海底也能呼吸暢通，自由地說話。哈爾看見洞穴中到處都是珍珠和珊瑚，瑰麗無比，正前方的寶座上還坐著一位美麗的女子。她留著一頭烏黑的長髮，晶瑩剔透的大眼睛彷彿會說話，身材苗條而性感，但她並沒有人類的雙腿，只有一條魚尾巴。

就在哈爾認真欣賞她的時候，美女吩咐女僕擺上水果和美酒，並問哈爾：「你叫什麼名字？」

「我叫哈爾，是阿拉伯的王子。妳是誰？」

「我叫圖梅，是海神的女兒，我想請求你成為我的新郎。」說完，她吩咐女僕們用石頭砸碎了哈爾的手銬和腳鐐，並為哈爾包紮傷口。

哈爾被圖梅的真誠與美麗打動，但他回絕道：「不行，我要娶赫茲國善良美麗的公主為妻，妳不要迷惑我。」

「我認識她。她雖然外表美麗，但心地十分醜陋。」

「妳不要亂說，我不信。」

「如果你不信，我可以讓你親自去看看。不過你得男扮女裝，這樣才更容易接近她，瞭解她的內心。」說完，圖梅向哈爾吹了一口氣，哈爾瞬間變成了僕從打扮的少女，然後圖梅吩咐女僕們送他到赫茲國去。

變成了女人的哈爾被送到赫茲國，他來到王宮前，發現並沒有侍衛阻攔，於是便走進了大殿。這時，蘇爾坦正巧在大殿中，他看著奴僕打扮的女人獨自走進王宮，便吩咐她到後宮做女兒的侍女。

就這樣，哈爾成功地接近了赫茲國的公主。他每天為公主梳洗打扮，端茶倒水。這位公主的確猶如出水芙蓉般美麗，哈爾也被迷得神魂顛倒。但是，公主脾氣暴躁，經常打罵侍女，用鞭子抽打她們，用針扎她們，哈爾自然也遭受了如此欺辱。哈爾漸漸明白海神女兒所說的話都是事實，他一天也不想見到這個表裡不一的赫茲國公主，更不會娶她為妻。

一天，哈爾獨自到王宮的井邊打水，他發現水中有一條小魚。小魚把頭露出水面說：「王子，你看見赫茲公主了嗎？你還喜歡她嗎？」

「不，我一點也不喜歡她！」

「那好，請你跳進井裡來，跟我走。」
哈爾跳進井中，跟隨小魚回到了海底。途中，他恢復了原形，而且，還穿著那件華麗的絲綢衣服。
哈爾來到大洞穴中，再次見到了海神的女兒圖梅。他單膝跪地，真誠地說：「女神，妳的心地和外表一樣美麗無瑕，請妳嫁給我吧！」圖梅答應了哈爾的求婚，並吩咐侍從們趕造一艘大船，船上裝滿金銀珠寶。
很快地，大船造好了。哈爾牽著圖梅的手上了船，向家鄉阿拉伯前行。
一路上他們有說有笑，甜蜜無比。當船行駛到阿拉伯港口時，哈爾把他的新娘抱了起來。這時，圖梅的魚尾慢慢變成了兩條又白又嫩的腿。
哈爾激動不已，他們立即返回王宮，舉行了盛大的婚禮。

小知識：
海神之女用真誠與善良收穫了愛情，而赫茲國公主卻用殘暴親手扼殺了幸福。

為愛不懼艱險——獵人赫曼與仙女卡莉爾

獵人赫曼住在阿拉伯山地中的一個小村莊裡，他身強力壯，經常獨自到荒郊野外打獵，每次都是滿載而歸。

一天，赫曼照常去打獵，他背著弓箭，翻過了一座山，來到一片綠樹成蔭的小湖旁。他靠在一棵樹下，拿出水袋，大口大口飲起水時，突然聽到天上「撲啦撲啦」作響，於是放下水袋，繞過幾株灌木，悄悄藏到一棵樹下，看個究竟。

赫曼被眼前的一切驚呆了，他看到一隻白天鵝飛落到湖畔。天鵝脫去羽衣，摘下脖子上的珍珠項鍊，變成了一位美麗的女孩。女孩優雅地走進湖心，洗起澡來。赫曼揉了揉眼睛，他簡直無法相信這是真的。他想：「如果能娶到這個仙女為妻，該多好啊！」

赫曼苦苦思考著如何才能接近仙女，想了一會兒，終於有了主意。赫曼偷偷來到仙女脫羽衣的樹下，拿走了她的羽衣和項鍊，然後原路返回到灌木叢裡。

仙女洗好澡後回到岸邊，她抖動著身體，甩乾身上的水，準備穿上羽衣。可是她東瞧瞧西看看，怎麼也找不到自己的羽衣，便傷心地哭了起來。

這時，天上飛過一隻烏鴉，在仙女的頭頂上嘎嘎叫著。仙女難過地說：「討厭的烏鴉，難道是你拿走了我的羽衣？」

突然，一支利箭射進了烏鴉的胸膛，烏鴉一頭墜落到地面，死在仙女面前。仙女大驚失色，轉身想跑。這時，一個溫柔的聲音傳來：「妳的羽衣在這裡。」

仙女轉過頭，看見一個英俊強壯的男人，手中托著自己的羽衣和項鍊。仙女趕忙捂著身體，戰戰兢兢地問：「你是誰？」

「我是一名獵人，叫赫曼。剛才經過這裡，看見烏鴉叼走了妳的衣服，我便把牠射下，把衣服還給妳。」赫曼溫柔地答道。

「謝謝你，我叫卡莉爾。你救了我，要我怎麼報答你呢？」仙女感激地問。

「卡莉爾，我想和妳永遠在一起，請妳嫁給我。」說罷，赫曼單膝跪地，表露真心。

「能成為你的伴侶，我非常願意。」

赫曼聽了卡莉爾的話，激動萬分。他揪下幾根鬍子送給仙女做為愛情信物，卡莉爾也拔下幾根頭髮送給了赫曼。隨後，卡莉爾穿上羽衣，變成天鵝，馱著赫曼向他家飛去。

到了家，赫曼將卡莉爾介紹給父親。父親上下打量著卡莉爾，心想：「這女人妖裡妖氣，一定不是好人。」於是，父親找赫曼談話，希望他與卡莉爾分手。但被赫曼拒絕，他已深深地愛上了美麗的卡莉爾。父親只好撒謊說山上鬧鬼，只有赫曼這樣勇敢健壯的年輕人才能對付。為了保護村民，赫曼獨自到山上住了幾天，等待捉鬼。而就在這幾天，他的父親連打帶罵地將卡莉爾趕走了。

赫曼在山上等了許多天都不見鬼的蹤影，於是回家向父親報平安。當他問起自己的妻子，父親卻支支吾吾地說：「她……她……變成天鵝飛走了。」

赫曼一聽，猶如晴天霹靂炸在自己頭上。他二話沒說，便背起弓箭，騎上馬，狂奔而去。

他漫無目的地找尋著，可是就是沒有卡莉爾的線索。他想起妻子留下的愛情信物，於是從懷裡取出了卡莉爾的頭髮，將它點燃。純白色的煙霧漸漸變成一隻白鴿，牠對赫曼說：「你的妻子在遙遠的天邊，途中充滿恐怖和艱險，你還是放棄吧！」

「你不要嚇唬我，我是不會動搖的。我深愛我的妻子，不管如何一定會找到她的！」赫曼堅定地說。

白鴿被赫曼的真情打動，牠說道：「既然這樣，那我帶你去。」

從此，白鴿指引著赫曼，向卡莉爾的住所追

去。一路上，赫曼戰勝了想置他於死地的巨型猛虎，禁受住了惡毒女妖的誘惑，還殺死了飢餓的大鷹，救了白鴿。赫曼飽嚐途中的艱難險阻，但他從來沒有放棄過。他日夜兼程，翻過一座又一座高山。終於，白鴿指著山頭的城堡說：「赫曼，卡莉爾就在那裡。」

赫曼不顧一切地朝城堡跑去，卻被守門侍衛攔住。他拿出卡莉爾留下的珍珠項鍊說：「請您幫我把它交給卡莉爾。」

卡莉爾接到侍衛送來的珍珠項鍊十分驚訝，她快步跑到城堡外，看見滿臉鬍渣、風塵僕僕的赫曼，不禁淌下了熱淚。她把被父親趕出門外的事情告訴了赫曼，赫曼心疼地抱住卡莉爾，說：「親愛的，妳走後我就像瘋了一樣到處找妳，多虧了白鴿的幫助。」之後，赫曼把白鴿引路的故事說了一遍。

卡莉爾被他深深打動，溫柔地親吻著赫曼。就這樣，兩個人幸福的生活在城堡中，再也沒有分開。

小知識：

如果你真的深愛一個人，那麼就算換了時空，變了容顏，你也能從千百萬人中認出那個熟悉的靈魂，然後再次地愛上她。

神婆相助求婚成功——
落難王子巴西圖

尤拉國的國王是位明君，他公正廉潔，說一不二。唯獨對自己的獨生女兒百般依順，關愛倍加。就這樣，公主在國王的溺愛中長大成人。雖然她脾氣嬌蠻，但長相甜美，驚豔脫俗。前來求婚的王公貴族們絡繹不絕，但都被國王拒之門外，他覺得沒有人能配得上如此優秀的女兒。

隨著時間的推移，國王發現女兒漸漸有了變化。一到晚上，公主就換上新鞋，一到早上，公主又換回了舊鞋，天天如此。

國王對公主的行為越來越不放心，他私下吩咐侍女們監視公主。可是不管大家怎麼做，還是解不開這個謎。

於是，國王下令，如果有誰能解開這個謎團，就把公主嫁給他，否則就砍頭。

消息一傳出，許多王公貴族躍躍欲試。有的是為了公主的美貌，有的是為了將來的王位。大家紛紛趕到王宮向國王提親。

第一位王子來自群島國家，他深信自己能夠娶到公主。於是，他被國王帶到公主的房間。

在進去前，國王警告道：「記住我的條件，希望你能成功。如果娶不成公主，你就要為公主而死。」

天色漸漸暗了下來，公主的花容月貌讓王子神魂顛倒。這時，公主畢恭畢敬地向王子行了禮，並端來一杯熱茶，溫柔地說道：「王子殿下，請您喝杯熱茶吧！」

王子欣賞著公主迷人的笑容，喝下了熱茶。沒多久，他就軟綿綿地歪在了桌子前，呼呼大睡起來。

公主見狀，趕快爬到床下。她對著地面唸了幾句咒語，地面頓時裂開了一道縫，她鑽了進去。

第二天清晨，公主回到了她的寢宮，可憐的王子仍然鼾聲四起。於是，國王按照事先的約定，將王子殺了。

當晚，王宮迎來了第二位王子，他自認為比第一個王子聰明冷靜，但他仍然被公主用茶所迷倒，結束了自己的生命。接著第三位、第四位、第五位……一直到了第十位，都為公主丟掉了性命。

有一個叫巴西圖的王子，他的國家被壞人侵佔，成了一名落難王子。但是，他也想向公主求婚。

「前面已經死了十個人，我一定要想個辦法，絕不能輕易死掉。」巴西圖一邊想，一邊向神婆家走去。

巴西圖向神婆表明了心意，想求得她的幫助。

「如果我成功了，就把您當親生母親一樣奉養。」巴西圖向神婆發誓。

神婆笑著說道：「想娶公主並不難，你只需要記住一點，不要吃公主給你的任何東西。」說完，神婆從櫃子裡拿出一件斗篷交給巴西圖，並囑咐道：「這是隱身斗篷，能上天入地，你把它夾在腋窩裡，或許能派上用場。」

巴西圖謝過神婆，趕到了王宮。國王對這第十一位求婚者說：「你瞭解求婚的條件嗎？」

「我瞭解，如果我失敗了，就請您砍下我的頭吧！」巴西圖爽快地答道。於是，國王把巴西圖帶進公主的房間，掩門而去。

黑夜剛剛降臨，美麗的公主便端著一杯熱茶，恭敬地向巴西圖行禮，笑著說道：「王子，請您喝杯熱茶吧！」

巴西圖也被公主的美色所迷惑，但他深深記得神婆的話。他慢慢接過茶杯，假裝喝下，然後趴在桌子上裝睡，並發出鼾聲。

公主見他睡著了，趕忙換上華麗的服裝，爬到床下。這時，巴西圖把含在嘴裡的茶吐了出來，並披上隱身斗篷，緊隨其後。公主唸完咒語，地面裂開了縫，縫中有一條幽長的隧道，公主順著隧道向裡面跑，巴西圖也跟著跑了起來。

公主跑出了隧道，來到了一片無人山谷。這裡枝葉繁密，鳥語花香，公主開心地笑著。巴西圖想拿走點什麼東西做為證據，便伸手折下一段樹枝。沒想到，樹枝的斷裂聲驚動了玩耍中的公主，她停下腳步左顧右盼，可是沒發現什麼，便繼續開心地玩起來。

公主像個小孩子一樣又蹦又跳，她出了這個山谷，又進入了另一個山谷。這裡有潺潺的泉水，地上百花盛開。巴西圖趁公主在泉水中玩耍的時候，偷偷折下第二根樹枝。

公主繼續向前走著，來到了第三個山谷。這裡滿園都是果樹，香氣逼人。公主摘下一顆蘋果，大口吃起來。巴西圖小心翼翼地折下了第三根樹枝，放進斗篷裡。

吃完蘋果，公主也玩夠了，她順著隧道向地面走去。巴西圖提前返回了地面，脫下隱身斗篷，趴在桌上繼續裝睡。公主從床下爬了出來，見王子還在昏睡，便換上了舊鞋子，靜靜地坐在床邊。天亮以後，國王召見了巴西圖，說道：「你知道公主的祕密了嗎？」國王一邊說，一邊招呼劊子手。

「陛下，我現在就告訴您公主的祕密。」巴西圖一邊講述著昨晚發生的一切，一邊拿出三根樹枝做為證據。國王聽後，連連誇讚巴西圖的聰明才智，並把公主叫來問話。公主知道自己的祕密被發現，便低頭承認了。國王履行了承諾，為公主與巴西圖舉行了盛大的婚禮。巴西圖也履行了自己的承諾，他把神婆接進王宮，當作生母一樣供養。一家人其樂融融，幸福無比。

小知識：

付出與收穫永遠成正比，神婆付出了聰明才智，收穫了幸福的晚年。

謊言得不到幸福——
阿米爾的真假妻子

阿米爾與麥爾嫣是一對非常恩愛的情侶，他們每天都在一起，形影不離。日子一天天過去，兩個人也到了婚配的年齡。麥爾嫣的父母很喜歡阿米爾這個女婿，欣然同意了他們的婚事，並要求他們盡快回男方家結婚。

阿米爾把麥爾嫣叫到一旁說：「親愛的，我的母親是一個厲害的妖婆，非常可怕。我們回家後，妳得先裝作我的女僕，等我攢些錢，就帶著妳離開。」

麥爾嫣聽後有些害怕，但是為了與阿米爾在一起，她只好同意。

阿米爾帶著麥爾嫣回到了家，母親看見兒子帶了個美麗的女孩回來，便大發雷霆，她咒罵道：「這個女妖精到底是誰？」

「媽媽，她是我的女僕。」阿米爾故作鎮定地答道。

聽了這話，老妖婆安靜了下來。緊接著，她就命令麥爾嫣到廚房做飯。

就這樣，阿米爾每天出去賺錢，麥爾嫣則在家被老妖婆使喚，一會兒被叫到臥室打掃房間，一會兒又被喊到廁所清理。任勞任怨的麥爾嫣忍住悲痛，心中迫切期盼著阿米爾早一天帶

她逃走。

幾天後的一個傍晚，阿米爾回到家中，偷偷對麥爾嫣說：「親愛的，這段時間委屈妳了。我已經攢下足夠多的錢，我們今晚就逃走。」

他們趁老妖婆睡著後成功逃出了家門，麥爾嫣一邊跑一邊笑，快樂得像個孩子。

第二天一早，老妖婆發現兒子和女僕結伴逃走，氣得大發雷霆，她施法將自己的兒子變得昏迷，讓他自生自滅。

麥爾嫣看著昏迷不醒的阿米爾，獨自潸然淚下。她把阿米爾的頭枕在自己的腿上，希望能讓他舒服一些。

日子一天天過去，麥爾嫣整日向真主禱告，祈求阿米爾能夠快點甦醒，可是天不遂人願。

麥爾嫣的腿被阿米爾枕著，她不吃不喝，夜夜以淚洗面，好幾次都差點昏過去。她努力堅持著，希望能支撐到阿米爾甦醒那天。到了第三十天，麥爾嫣實在堅持不住了。這時，一個女僕提著籃子從她面前走過，麥爾嫣摘下所有的珠寶交給女僕，求她替自己照看一下阿米爾。女

僕同意了，她學著麥爾嫣的樣子坐好，將阿米爾的頭枕在自己腿上。麥爾嫣走到不遠處的山洞，閉上眼睛睡著了。

這時，受到老妖婆詛咒的阿米爾漸漸恢復了意識，他發現自己躺在一個陌生女人的腿上，便問道：「妳是誰？」

「我是你的妻子呀！我陪了你整整三十天，皮膚曬黑了，身體消瘦了，連頭髮都枯黃了。」女僕答道。

阿米爾相信了女僕的話，把她當成了麥爾嫣，帶著她向一個城市走去。

麥爾嫣在山洞中睡了不知多久，她醒來的第一件事就是跑去找阿米爾。可是她左顧右盼，什麼也沒找到，只看到地上的一串腳印。

她順著腳印的方向，來到了阿米爾所在的城市，誤打誤撞地進了奴隸市場。這時，恰巧阿米爾拉著女僕的手從她面前經過，麥爾嫣見到了自己的愛人，哭著跑過去，緊緊地揪著阿米爾的衣角，說不出話來。女僕一眼就認出了麥爾嫣，她拼命地拍打麥爾嫣的手，希望她放開阿米爾。阿米爾見麥爾嫣哭得非常傷心，便對自己的妻子說：「妳看她多可憐，我們就買下這個奴隸吧！」

就這樣，麥爾嫣跟隨阿米爾夫婦回了家。她白天照料阿米爾一家，到了夜晚，麥爾嫣獨自坐在小柴房，悲傷地唱著歌：「阿米爾呀！我的心都快碎了，你為什麼不明白……」歌聲淒美而動人，打破了寂靜的夜空，傳到了鄰居們的家中。

一天，阿米爾獨自出門上街，鄰居裁縫對他說：「老兄，你家每天夜晚都有傷心的歌聲傳出，歌中好像提到了你。」阿米爾感到事有蹊蹺，決定親自聽聽歌聲。

到了晚上，麥爾嫣回到小柴房，動情地唱著歌。順著歌聲，阿米爾悄悄來到柴房，他推開門，看見麥爾嫣的臉頰淌滿淚水，便關切地問：「妳的歌聲為什麼如此悲傷？歌中為什麼唱到我？」

麥爾嫣一邊哭，一邊把事情的來龍去脈講給阿米爾。阿米爾捧起麥爾嫣的臉，這才驚奇地發現，她是自己的妻子麥爾嫣。阿米爾被女僕的謊言所騙，他氣憤地衝進臥室，一刀殺死了女僕。

從此，麥爾嫣回到了阿米爾身邊，過著幸福快樂的日子。

小知識：

謊言的種子不能開出幸福美滿的鮮花，只能結下傷財害命的惡果。

少女真情感動神鳥——艾麗莎救兄

巴格達城有一位富商，他有一兒一女。兒子英俊勇敢，名叫巴布艾；女兒善良美麗，名叫艾麗莎。兄妹倆從小一起長大，關係親密融洽。後來，富商意外去世了，財產與房子都留給了兒女。

一天，巴布艾出去打獵，艾麗莎一人在家。一位老婆婆敲門造訪，請求進門做禱告。艾麗莎熱情地接待了老婆婆，並端來了食物和飲品。老婆婆在艾麗莎家中四處轉轉，對她說道：「妳的房子風水很好，只是缺少一件稀有的寶貝。」

「什麼寶貝？」艾麗莎好奇地問。

「有一隻神鳥，牠一唱歌，就能引來成百上千的鳥和牠一起歡樂歌唱。」

艾麗莎聽後非常驚訝，她問老婆婆：「請您告訴我，這隻神鳥在哪裡？」

「從妳家向西一直走，路上遇到的第十三個人，便是知道神鳥下落的人。」

老婆婆走後不久，巴布艾就回到了家。艾麗莎將神鳥的事情告訴了哥哥，並表示出喜愛之意。

巴布艾對妹妹說：「只要妳喜歡，我就把神鳥抓來送給妳。」

「不，」艾麗莎擔心地說：「我感覺這次旅途會很艱險，如果哥哥為了我遭遇不幸，我會後悔死的。」

「妹妹，我已下定決心，一定要冒這個險。如果妳擔心我，就拿這個鏡子看看。」說著，巴布艾交給艾麗莎一面小鏡子，「無論什麼時候，只要妳想我，就拿出這面鏡子。如果鏡面乾淨剔透，就說明我平安無事；如果鏡面上出現血跡，就說明我遭遇不測了。」

第二天一早，巴布艾便收拾好行囊出發了。他聽了老婆婆的話，向西走去。巴布艾一邊走一邊數著與他擦肩而過的人，第十三個人是個撿破爛的老翁。巴布艾跳下馬，恭敬地問道：「老伯伯，我從遠方來尋找神鳥，您可以幫助我嗎？」

老翁勸慰道：「小伙子，尋找神鳥的路途艱難又恐怖，我勸你還是回家吧！」

「不，我答應過妹妹，一定要找到神鳥。」巴布艾堅定地說。

老翁見他態度堅決，便掏出一個小球交給巴布艾。他說道：「把小球扔在地上，跟著它滾動的方向走。當它停在一座山下，你就獨自爬上山去。山上會滾下許多黑石，你會聽見背後發出恐怖的聲音。記住，千萬不要回頭，否則你也會變成黑石。如果你堅持爬到山頂，就會看見裝在檀木籠中的神鳥。」

巴布艾謝過了老翁，騎上馬，把球向前面一扔，球飛速地滾動起來。在小球的指引下，巴布艾來到一座大山下。他按照老翁的叮囑，獨自往山上爬。爬到半山腰時，數以百計的黑色石頭忽然從天而降，背後響起了嚇人的叫聲。巴布艾頂著滾落的黑石，勇敢地攀登著。恐怖的聲音越來越近，嚇得巴布艾後背發涼。他忍無可忍，回頭看去，瞬間變成了一塊黑石，矗立在山壁上。

自從哥哥走後，艾麗莎每天都拿出鏡子，觀察哥哥的情況。在巴布艾變成黑石的那天，艾麗莎也從佈滿血跡的鏡子中知道了哥哥遇難的情況。她化悲痛為力量，背起行囊，決定把哥哥救回來。

艾麗莎也聽從了老婆婆的指示，向西走去。她遇到了撿破爛的老翁，並向他求助。老翁百般勸阻艾麗莎放棄冒險，但艾麗莎堅定的意志不會改變。於是，她按照老翁的指引，順利來到大山前。

艾麗莎在山下駐足觀望了一陣子，發現了哥哥的馬。

「哥哥一定就在山上。」艾麗莎立刻向山上爬去。

到了半山腰，艾麗莎驚訝地張大了嘴巴，她看到哥哥變成了一塊黑石，矗立在原地。與此同時，山上落下無數黑石，背後傳來了驚悚的聲音。艾麗莎緊緊地抱住變成黑石的哥哥，毫不動搖。

「為了哥哥，我什麼都不怕。」艾麗莎閉上眼，一遍一遍地堅定著自己的信念。

過了不久，黑石停止了滑落，恐怖的聲音也漸漸遠去。艾麗莎依然不肯回頭，徑直向山頂爬去。

她到了山頂，一眼就看見了檀木籠中的神鳥。神鳥披著七彩羽翼，對艾麗莎說：「妳的勇敢令我折服，妳有什麼願望嗎？」

「我的哥哥為了我，變成巨石立在山腰上，求你讓他復活吧！」艾麗莎焦急地乞求著。

「妳在我的身上拔下一根羽毛，插在妳哥哥變成的黑石上。」神鳥答道。

艾麗莎按照神鳥的話，把羽毛插進石頭縫中。霎時，哥哥奇蹟般地復活了。兄妹倆把神鳥帶回家，神鳥高興地歌唱著。頓時，成千上萬的鳥披著七彩羽翼，飛到他們的花園中，與神鳥一起鳴唱。

從今往後，兄妹倆便幸福地生活在群鳥的世界裡。

小知識：

信念是鳥，它在黎明仍然黑暗之際，感覺到了光明，唱出了歌。

女扮男裝盼夫歸——王妃哲瑪妮

一天，阿拉伯的王子巴薩曼帶著妻子哲瑪妮到郊外遊玩。他們帶著許多奴僕遊山玩水，走了一整天，終於感覺到累了，便在一片草原上安營紮寨。哲瑪妮脫下衣服，倒頭就睡。

過了不久，巴薩曼走進帳篷，看到妻子的腰帶上有一顆金光閃爍的寶石。他輕輕地摘下寶石，拿到帳外仔細端詳了一陣。

這時，一隻飛鳥從天而降，抓起了寶石飛走了。巴薩曼怕自己弄丟妻子的寶石，便朝鳥飛走的方向追去。天越來越黑，巴薩曼越跑越遠，他一時摸不清方向，迷了

路。

巴薩曼盲目地朝前走著，走了十天，他來到了大海邊，看到一位漁民正在收船。於是，他跑上前說道：「尊敬的先生，請您幫助我。」

漁民把巴薩曼請到家中，端來了茶點，關切地問道：「看你不像普通百姓，你有什麼難處嗎？」

巴薩曼將自己追逐寶石的事情告訴了漁民，漁民感到很驚奇，他說：「離我家不遠處有一個港口，那裡的船會載滿貨物前往阿拉伯。但是，這個航程每年只有一次，你可以先在我家住下，等有船了再走。」巴薩曼同意了漁夫的建議，並感謝漁夫搭救之恩。

再說哲瑪妮，她睡醒以後發現丈夫失去了蹤影，自己腰帶上的寶石也不見了，便焦急地想：「我該怎麼辦？如果將王子失蹤的消息公開，國王一定不會饒恕我。不如我假扮成丈夫的樣子，等他回來。」

第二天一早，哲瑪妮穿上丈夫的服飾，化妝成丈夫的模樣。她吩咐一名侍女坐上轎子，自己騎上了丈夫的馬，並叫大家出發。所有人都沒能發現，騎在王子馬上的人是王妃哲瑪妮。

一行人日夜兼程，來到一座海濱城市。國王熱情地接待了哲瑪妮，並邀請她在宮中住三天。哲瑪妮盛情難卻，便在宮中住下。

三天之後，哲瑪妮學著丈夫的樣子與國王道別。這時國王說：「王子，我年歲大了，想找一位繼承人。可是我只有一個獨生女兒，如果你願意，我想把她嫁給你，由你來繼承我的王位。」

哲瑪妮心想：「如果我拒絕了國王，他會一怒之下將我殺掉；不如我先娶下公主，再向她解釋。」

就這樣，哲瑪妮冒充巴薩曼，與公主舉行了婚禮。洞房之夜，哲瑪妮向公主講述所發生的一切，並懇求道：「為了我的丈夫，我只能這麼做了，希望妳原諒我的欺騙，並幫我保守祕密。」

聽了哲瑪妮的傾訴，公主並沒有發怒，反而握住哲瑪妮的手說：「放心，我會替妳保守祕密。」

哲瑪妮對公主的寬容表示深深的謝意，她與公主私下起誓：做不成夫妻，就做一生的好姐妹。於是，哲瑪妮在公主的掩護下平安度日。

一天，漁夫興高采烈地跑回家中，告訴巴薩曼：「港口今天有船到阿拉伯，船上載著許多橄欖，你可以鑽到裝橄欖的木桶中，隨船回家了。」

聽了這個喜訊，巴薩曼激動得合不攏嘴，他謝過漁夫後，向港口跑去。來到船上，巴薩曼順利地躲過了船員們的視線，鑽進一個橄欖桶中。

哲瑪妮和公主在御花園中賞花，見桃樹枝上站著一隻銘黃色的飛鳥，正在嘰嘰喳喳地歌唱著。哲瑪妮想把飛鳥抓來送給公主，她輕輕走到桃樹前，伸手一抓，飛鳥嚇得飛走，從爪子中掉下了一樣東西。

哲瑪妮上前一看，不禁大叫起來：「寶石！我的寶石！」

她把這個好消息告訴了公主，公主笑著說：「這是個好兆頭，你們就快見面了。」

過了幾天，哲瑪妮到港口巡查，剛好看到載滿橄欖的大船靠岸。便走上前詢問道：「你們運的是什麼貨物？」

「啟稟大人，是上等的橄欖。」

哲瑪妮想買一桶帶回去討公主歡心，便對船員們喊：「我買一桶，並且要最重的那桶。」

於是，船員們把裝有巴薩曼的那桶橄欖獻給了哲瑪妮。

哲瑪妮一打開橄欖桶，巴薩曼突然站了起來。兩人呆呆地對視了一陣子，立刻擁抱在一起。

兩人把彼此的遭遇向對方傾訴了一遍，便攜手返回王宮，向老國王和公主承認了錯誤，並願意接受任何懲罰。

老國王被他們堅守愛情、勇於擔當的精神所感動，遂饒恕了這對夫妻。

小知識：

愛情不是花蔭下的甜言，不是桃花源中的蜜語，不是輕綿的眼淚，更不是死硬的強迫，愛情是建立在生死不渝的基礎上的。

千里姻緣仙女牽——尋找真愛的米斯巴哈

蘇爾坦有一個帥氣俊朗的兒子，名叫米斯巴哈。他早已到了結婚的年齡，可是就是遲遲不肯結婚。蘇爾坦為兒子找來無數美女佳麗，可是都被他拒絕了。米斯巴哈總說：「我的真命天女還沒出現呢！」

一天，蘇爾坦對米斯巴哈說：「兒子，在我臨死前有一個心願，就是能看到你娶妻生子。」

「父親，請您不要著急，我還沒有遇見我的真命天女。」米斯巴哈解釋道。

蘇爾坦聽了非常生氣，他吩咐侍衛把兒子關進一座古塔，軟禁起來。

夜晚漸漸來臨，古塔漆黑一片，只有一盞油燈照出一絲光亮。米斯巴哈心想：「希望真命天女快點出現，好讓我離開這陰森恐怖的地方。」想著想著，米斯巴哈進入了夢鄉。

這時，一位仙女經過古塔，她看見塔裡有光，便飛了過去。仙女看著米斯巴哈，自言自語道：「多英俊的男子，他應該得到幸福。」

說完，仙女展翅飛向空中。不久，她遇見了一個精靈。精靈對她說：「我從波斯來，我在

那裡看到一件奇怪的事情。」

「什麼事情？說來聽聽。」仙女充滿好奇地問。

「波斯國有位公主，長得美若天仙，很多人向她求婚，可是都被她拒絕了。她總說自己的真命天子還沒出現呢！」

仙女聽完，立刻就想到了古塔中的王子，她招呼精靈道：「你跟我來。」

精靈跟隨仙女來到古塔，看著熟睡中的米斯巴哈，說道：「他真英俊，和我說的公主正好相配。」

聽了這話，仙女轉動眼珠，想出一個好主意。她說：「你把公主帶來，讓他們躺在一起，比較一下，看看哪一個舉止更優雅。」

很快地，精靈就把熟睡中的公主帶來，輕輕放到米斯巴哈身邊。這時，仙女變成一隻蚊子，狠狠叮了米斯巴哈一口，把他咬醒。米斯巴哈睜開眼，看見面前躺著一位漂亮的女子，他想：「一定是真神顯靈，把我的真命天女送來了。」

米斯巴哈悄悄取下公主手上的一枚戒指，並輕吻了她。精靈施了法術，讓米斯巴哈再次睡著。

變成蚊子的仙女又咬醒了公主。公主睜開眼，看見一個俊秀的男人躺在自己身邊，她又驚又喜地叫道：「天啊，這就是我的真命天子嗎？」

精靈怕她的叫聲驚動熟睡的米斯巴哈，於是又施法讓公主睡著了。這時，仙女驕傲地說：

「看吧？還是王子有禮貌。」說完，精靈點了點頭，把公主帶回了波斯國。

第二天一早，米斯巴哈醒來，發現自己的真命天女不見了，趕忙跑回王宮。他拿著波斯公主的戒指，哭喊著說：「父親，昨晚我遇到了我的心上人，這是她留給我的信物，我要去找她回來。」

蘇爾坦看著兒子傷心的樣子，只好同意了他的請求。米斯巴哈騎上一匹快馬，奔向遠方。他走了三天三夜，來到一個城市中歇腳。他發現城裡的人們都在議論一件怪事，便向一位老者打聽起來。老者說：「我們的公主一直不肯出嫁，前幾天發了瘋似地大吵大鬧，說自己遇到了真命天子，並且和他睡過一晚。國王為了這個女兒，都快急死了。」

聽了老者的話，米斯巴哈確定這個公主就是自己要找的人。他趕到王宮前，寫下一封信，並把戒指放進信封裡，請求侍衛交給公主。

公主接過信，打開一看，只見上面寫著：「那天晚上我摘走了妳的戒指，現在把它還給妳。」讀完信後，公主滿心歡喜地衝出王宮，見到了米斯巴哈。兩人擁抱在一起，互訴衷腸。

國王知道了米斯巴哈的身分與地位後，欣然同意了這門婚事。蘇爾坦見兒媳出身高貴，長得美麗大方，也高興地合不攏嘴。就這樣，米斯巴哈與他的真命天女幸福地生活在了一起。

小知識：

姻緣有三分是天註定，七分靠自己，只有勇於追求的人，才能得到真正的幸福。

帶著愛飛到妳身邊——

巫師的象牙馬

阿拉伯有一位國王，他治國有方，揚名四海。

一天，一位巫師慕名而來，他獻給國王一匹象牙做成的馬，並對國王說：「這匹象牙馬非比尋常，只要騎上牠，想去哪裡，就能去哪裡。」

聽了巫師的話，國王的三個兒子躍躍欲試。

小王子卡米勒站出來說道：「父親，讓我替您試試這匹馬。」說著，卡米勒騎上了象牙馬。可是，無論卡米勒怎麼催促象牙馬，牠都原地不動。

卡米勒問巫師：「這匹馬為什麼不走呢？」

「王子殿下，請您轉動馬脖子上的栓子。」巫師答道。

卡米勒轉了一下馬栓，象牙馬立即騰空而起，飛向了空中。象牙馬越飛越高，越跑越遠。

卡米勒焦急地想著讓馬停住的辦法，他左看右看，發現沒有任何可以按動的地方。眼看天就要黑了，忽然他發現馬的肩膀上有一顆螺絲釘，卡米勒擰了一下螺絲釘，象牙馬放慢了步伐，緩緩降到地面上。

卡米勒讓馬落在一座城堡的屋頂上，他下了馬四處張望著。此時已經是傍晚，城堡中漆黑一片，只有一個房間閃著微弱的光。卡米勒摸著黑走下了樓梯，來到了有亮光的房間。

他輕輕推開門，看見幾個女僕臥在兩邊，床榻中間躺著一位美麗無瑕的公主。卡米勒走上前，恭敬地向公主行禮。公主被突如其來的卡米勒嚇了一跳，可是見他相貌英俊、舉止優雅，這才放下心來。

她吩咐女僕們退下，問卡米勒：「你是誰？」

「我是阿拉伯的卡米勒王子，妳呢？」

「我是波斯國的公主，我叫麥姆娜。」

卡米勒對公主一見鍾情，便將象牙馬的祕密告訴了麥姆娜。

奴僕們退出公主的寢宮後，便跑去向國王報告了。國王聽說有男子夜闖公主寢宮，十分憤怒。

他氣沖沖地推開公主房門，命令侍衛抓住卡米勒，大罵道：「你這個大膽狂徒，半夜溜進公主房間，肯定不是好人，我要殺了你！」

「您人多勢眾，就算殺了我也不光彩。不如我們公平地比試一番，如果我贏了，您就把公主嫁給我。」卡米勒不服氣地說。

國王聽了卡米勒狂妄的話，氣急敗壞地說：「好，如果你贏了，我就認你這個女婿。如果你輸了，我就砍下你的頭餵狗。」

說完，國王立刻下令集合城中所有軍隊，騎上馬備戰。

卡米勒對國王說：「你的人全都騎著馬，我也要騎馬，否則不公平。」

「你的馬在哪裡？」

「我的馬在您王宮的屋頂上！」

「這怎麼可能？」國王十分懷疑。經過卡米勒的一番解釋，國王吩咐一個大臣，跟隨卡米勒到王宮的屋頂上牽馬。

到了屋頂，卡米勒騎上象牙馬，衝著國王大喊：「陛下，我要向您的軍隊衝鋒了。」

「來吧！不怕死的可憐蟲。」國王輕蔑地答道。

這時，卡米勒扭動栓子，象牙馬立刻飛上天空，他喊道：「麥姆娜，我一定會來娶妳的。」

國王的軍隊再怎麼勇猛，也無法追上能飛的象牙馬，只好眼睜睜地看著卡米勒逃走了。

公主麥姆娜知道這個消息後非常悲傷，因為她已經深深愛上了卡米勒。她整天茶不思飯不想，精神恍惚，總是坐在花園裡，盼著卡米勒回來娶她。

國王為此焦慮不已，可是無論請來多少名醫，都無法治癒麥姆娜的心病。

卡米勒回到家後並沒有就此放棄，他下定決心遵守諾言，娶到麥姆娜。

一天，卡米勒騎上象牙馬，再次來到波斯國。剛到城裡，他就打聽到了公主整日瘋瘋癲癲，等著一個男人來娶她的事情。

卡米勒被麥姆娜的真情深深感動，他決定想一個能盡快娶到她的辦法。很快地，卡米勒就有了主意。他到裁縫店訂做了一身儒雅的長袍，化裝成神醫的模樣。隨後，他騎著象牙馬飛到王宮屋頂，然後穿過閣樓，走到王宮的大殿。

此時，國王正在閉目養神。卡米勒輕聲輕語地說：「尊敬的陛下，請原諒我冒昧地打擾您。」

國王被這個突如其來的儒雅紳士嚇了一跳，他說：「你是誰？怎麼沒有侍衛攔著你？」

「陛下，我是雲遊四海的神醫，聽說公主得了怪病，所以不請自來。公主的病一刻也不能耽誤，所以侍衛們就放我進來了。」卡米勒自信地說。

聽到神醫為公主治病刻不容緩，國王立刻請卡米勒來到花園。麥姆娜一眼就認出了卡米勒，她激動地流出了淚水。卡米勒卻擠眉弄眼地暗示麥姆娜不要暴露他的身分，並裝腔作勢道：「公主您好，我是神醫。您看天上有什麼？」
卡米勒用手指著王宮屋頂，麥姆娜一下就明白了他的心意，於是瘋瘋癲癲地喊道：「天上有太陽，見到太陽，我的病就好了。」
說著，麥姆娜起身就向王宮屋頂跑去，卡米勒與國王緊隨其後。到了屋頂，趁國王氣喘吁吁追趕不及，卡米勒與麥姆娜先後騎在了象牙馬上。這時，麥姆娜對國王說：「父親，卡米勒說過要娶我，現在他遵守了諾言。感謝您多年的養育之恩，我要和心愛的人在一起。」
看著兩個年輕人飛向天空，國王終於被兩顆真誠的心打動了。於是，他為女兒準備了豐厚的嫁妝，以最高的禮儀送到阿拉伯，祝女兒幸福。

小知識：
這世界若是沒有愛情，它在我們心中還會有什麼意義！這就如一盞沒有亮光的走馬燈。

養育之恩永不忘——
麻雀少女娜達

有一對夫婦婚後連生了七個女兒，可是他們一心想要一個兒子。

不久，妻子又懷孕了，丈夫每天祈求阿拉真主，心想：「這回該有兒子了吧？」

日子一天天過去，妻子眼看就快生了。夫婦倆私下商量好，如果是男嬰，就把他好好撫養長大；如果是女嬰，就把她送進深山老林，讓她自生自滅。終於，生產的日子到了，可是天不遂人願，妻子依然生下了女嬰。於是，丈夫抱著嬰兒，來到一個深谷。他爬上樹，把孩子放在一個鳥窩裡，為女兒祈禱一番後，傷心地離去。

傍晚，麻雀們飛回窩裡，驚訝地發現巢中躺著一

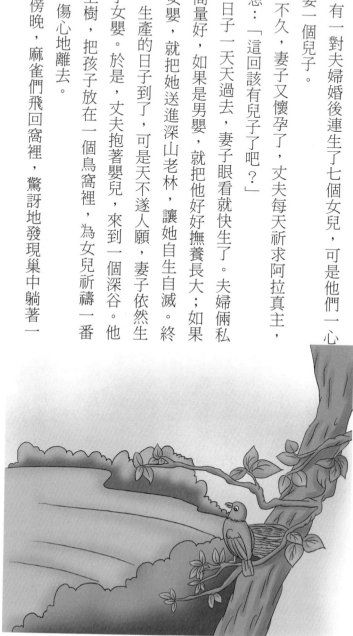

個嬰兒。

麻雀們見她不停地哭鬧，便啄來食物餵她。不僅如此，麻雀們還齊心協力為女嬰搭了一個結實寬大的巢。

從此，女嬰在麻雀的撫養下漸漸長大。她學會了爬樹，每天都在山谷中玩耍，從不走出去，也很少認識鳥類以外的物種，這其中包括人類。

一天，麻雀少女到山谷桃園中採摘桃子，碰巧遇見了前來打獵的薩爾國王子。她驚訝地盯著眼前這個奇怪的動物，心越跳越快，臉越來越紅，然後轉身就向自己的巢中逃去。

王子被眼前的一幕驚呆了，他怎麼追都還是沒能追上她。最後，他打消了狩獵的念頭，懊惱地回到王宮。他決定明天獨自進入山谷，尋找那位洋溢著自然氣息的清純女孩。

第二天，王子來到山谷，他悄悄地藏進一片草叢中等待著。

這時，麻雀少女拿著桃子，朝草叢跑來。王子突然站起身，溫和地說：「妳好。」女孩被嚇了一跳，扔下桃子，迅速跑開了。王子緊緊地跟在身後，他看到女孩驚慌地爬上一棵大樹，鑽進了鳥窩。

「如果我也爬上樹，是不是太粗魯了。」王子心想，立刻打消了爬樹的念頭，返回王宮。為了想出接近女孩的辦法，王子苦思冥想，終於有了主意。他把自己喬裝打扮成一位老太婆的模樣，晃晃悠悠地朝山谷走去。

他來到女孩所在的樹下，假裝摔了一跤，顫顫巍巍地喊道：「哎呀，我的腳扭了，救命呀！」

這時，麻雀少女從巢中探出了頭，看見一位老婆婆倒在地上，便迅速爬下了樹，問道：

「您怎麼了？」

「我的腳扭到了，動彈不得。」王子學著老婆婆的聲調答道。

「在這裡別動。」女孩說完，就朝著山谷深處跑去。

王子坐在原地感到很好奇，心想：「她幹什麼去了？是不是不管我了？」

過了一段時間，麻雀少女抱著蘋果和桃子跑到王子面前。

「吃吧！」她拿起一顆水靈靈的蜜桃交給王子，低頭為王子揉起腳來。

王子被少女的行為感動，他一把抱住了她，向王宮跑去。麻雀少女被他的舉動嚇得哇哇大叫，用力踢打著王子，並且把王子的假髮打掉了。

少女定睛一看，這不是早些時候追逐我的人嗎？難道他要害死我？

王子跑回王宮，把少女抱進寢室，鎖上門窗。他喘著粗氣說：「妳別怕，我不會傷害妳，妳在這裡會很安全。」

女孩被眼前陌生的一切嚇得直打哆嗦，王子見狀，輕輕地為她披上一張絲絨毯，並且問道：「妳叫什麼名字？為什麼要住在鳥巢裡？」

少女看著王子溫柔的眼睛，慢慢平靜下來。她將自己所知道的一切和盤托出，全都告訴了王子。

王子感到十分驚奇，問道：「妳沒有名字嗎？」

女孩點點頭。

王子想了一下，說：「娜達這個名字妳喜歡嗎？」

聽了王子的話，女孩開心地笑了。

從這之後，王子讓娜達安心住在宮中，並吩咐侍從對她加倍呵護。過了一個月，娜達熟悉了人類的生活環境與方式，還經常與王子結伴出行、徹夜長談，漸漸地愛上了王子。

一天，王子帶娜達來到御花園，他單膝跪地，對她說道：「親愛的，請妳嫁給我吧！」

娜達扶起王子，對他說：「我願意嫁給你，可是山谷中的麻雀們撫養我長大，我還不曾報答牠們。」

王子聽後，與娜達一同回到山谷，向麻雀們講述了所發生的事，並將牠們邀請到御花園居住。

小知識：

感恩即是靈魂上的健康，而忘恩卻比說謊、虛榮、酗酒或其他泯滅人心的惡德還要嚴重。

惺惺相惜的情誼——牧羊人的兄弟情

白希爾是一個信奉伊斯蘭教的牧羊人，常年隱居在深山老林之中。他每天以牧羊為生，以羊奶充飢，以羊皮做襖，把大部分時間都花在虔誠禱告與修身養性上。這種與世無爭的生活讓他感到安逸和快樂。

也許是命運的安排，白希爾染上了重病，虛弱地躺在山洞裡。他的羊群已經習慣了多年養成的生活規律，白天到野外覓草，傍晚就自動返回山洞裡休息。也許是白希爾的虔誠之心感動了阿拉，他臥床養病的日子裡，竟沒有一隻羊受到山中野獸的攻擊與傷害。

一天，這些羊出去吃草時，白希爾獨自在山洞中休息。突然，他看見洞口站著一位美豔靚麗的少女。

少女扭著妖嬈的身姿來到白希爾身旁坐下，對他拋著媚眼說道：「親愛的，你看我身材好嗎？有沒有聞到我身上撲鼻的香氣？」

白希爾趕忙坐起身，捂著鼻子對少女說：「這位小姐，我和妳素不相識，也不想與妳交往，請妳快走吧！」

「可是我想和你交往。我決定陪你住在這山洞裡，耐心地服侍你，給你溫柔，給你愛。」

少女媚聲媚氣地說著。

白希爾見自己對少女的警告沒有效果，便懊惱地說：「我根本就不需要人來陪伴，妳快走吧！只有那些貪戀女色的無恥之徒才會喜歡和妳廝混，我是不會接受妳的。」

「接受我的愛吧！你就是我的貴人，請你看著我的眼睛，摟著我的腰，感受我的心跳。」

少女一邊說，一邊抓著白希爾的手。

白希爾見狀，猛地甩開手臂，將少女推倒在地上。他怒罵道：「妳這禍水紅顏，為什麼不聽勸告？妳的花言巧語去對別人說吧！我不僅聽不進去，還噁心得想吐。」

這時，少女站起身來，收起自己的一臉媚相，恭敬地說：「虔誠的信徒，我是山中的女妖，見你每天修行打坐，特地來試探你的心是否真誠。現在，我被你的堅定意志征服，以後不會再來打擾你了。」

少女說完，向白希爾行了禮，轉身走到洞口，化成一縷青煙飄散到空中。

離白希爾隱居的山洞不遠處，有一座小村落。那裡也居住著一個虔誠的信徒，名叫白薩木。他白天在家務農，到了晚上就潛心修練，參功悟道。

一天夜裡，白薩木做了一個夢，夢中有位白鬍子老翁對他說：「山林中隱居著一位虔誠高尚的牧羊人，現在非常需要你的幫助。」

夢醒後，白薩木二話沒說，背起行囊，毫不猶豫地離開村子，向山中走去。他走了一天一夜，都沒有見到牧羊人的蹤影。第二天一早，白薩木走到一片小湖旁坐下，打算休息一下再出發。

這時，他看到許多野獸站在湖邊盯著自己，心想：「我在這裡休息，給牠們造成了無端的驚嚇，等到因果報應的那天，我該如何面對真神阿拉呢？」

想到這裡，白薩木立即起身離開了湖畔。

上午的太陽越來越足，白薩木渾身疲憊，飢渴難耐。他茫然地走著，突然看見前方不遠處有個山洞，於是加快了步伐，趕在正午前進洞躲避烈日。

他剛一走進山洞，就看見床上躺著一個人，身上披著一張羊皮，咳嗽不止。白薩木走到這個人身旁，關切地問：「你怎麼了？需要幫助嗎？」

白希爾顫顫巍巍地說：「我叫白希爾，是山中的牧羊人，我病了，想喝水……」

白薩木驚訝地瞪大了眼珠，這正是他所尋找的夢中人。他一邊餵白希爾飲水，一邊向他講述了自己的夢。白希爾熱淚盈眶地說：「這是真神阿拉的安排，是我們註定的緣分。」

兩個高尚虔誠的伊斯蘭教徒相遇後，彼此情同手足。白希爾在白薩木的細心照料下日漸康復，他們每天一起放羊，共同修練，真心實意地禱告讚頌，成了一對快活的兄弟。

小知識：

和你一同笑過的人，你可能把他忘掉；但是和你一同哭過的人，你卻永遠不忘。

美麗女孩變母鹿——

王子智鬥老巫婆

阿拉伯有一位王子，他年輕有為，驍勇善戰。

一天，他來到一片山林中打獵，看見不遠處有一位美麗的少女和一位僕從，便走上前去問道：「妳們是誰？為什麼到這裡來？」

少女對王子說：「我叫克麗米，正要到一個親戚家去。」說完，克麗米對王子微微一笑，並交給他一塊手絹，轉身離去。

王子癡癡地望著少女的背影，心中暗自想著：「多麼美麗溫柔的女孩啊！克麗米，我記住妳了，我一定會娶到妳的。」

從此以後，王子不再出去打獵，他整天捧著克麗米的手絹，目光呆滯，飯也不吃，覺也不睡。父母看著兒子呆傻的樣子，感到十分擔心，他們很想知道其中的原因，但王子總是守口如瓶。

一天，宮外來了一位少女求見王子。當侍衛帶她進來以後，王子一眼就認出她是山林中跟隨克麗米的僕從，便興奮地問道：「克麗米在哪裡？她好嗎？」

「王子，求你救救我家小姐！」僕從哭著說：「我們本來要到親戚家拜訪，途中路過一片森林，林中煙霧繚繞，有許多的野鹿。牠們用角輕輕地觸碰我們，有些母鹿還用嘴咬住我們的衣服，輕輕地拉扯著，那種眼神就像我們人類一樣。」

「快說！後來呢？」王子十分焦急。

「後來，我們沒有理會野鹿，繼續朝前走。我們在森林中越走越深，突然看見一座白玉石搭建的巨大城堡。小姐十分驚喜地說：『這麼華麗的城堡，我們進去看看吧！』

「這時，野鹿們突然大聲嘶叫起來，那種聲音非常淒涼。牠們一邊叫，一邊設法阻攔我們，可是小姐不聽，硬是要進宮殿。就這樣，我們衝出了野鹿的阻攔，跑向城堡。

「城堡的大廳中端坐著一位老太婆，她和顏悅色地招呼著我們說：『妳們好，妳們要去什麼地方？』

「『我們要到遠方的親戚家去。』小姐回答。

「這時，老太婆露出了古怪的微笑，她說：『森林裡的野鹿都是妖怪變的，牠們想吃了妳們。不過妳們不用怕，我有護身符。只要把護身符中的藥粉撒在妳們身上，妳們就會一路平安的。』

「我們相信了老太婆的話，她把我們帶到二樓的一個小書房裡，讓我們閉上眼睛。我們非常聽話地照做了，誰知她把藥粉撒在我們身上後，大喊一聲：『變！』我和小姐瞬間就變成了兩頭母鹿。

「老太婆惡毒地說：『妳們中計了，就在這裡跟野獸們生活吧！』說完，她把我們趕出了城堡，扔進了鹿群中，那些野鹿悲哀地看著我們，一點辦法也沒有。

「我們跟野鹿群一起生活了幾天後，在叢林中遇到一位美麗的少女，她溫和地說：『你們不要怕，我是那老巫婆的妹妹，十分痛恨她這種殘酷的行為，我要救你們。』

「說完，她從懷裡取出了一個袋子，把袋子裡的白色藥粉撒在我的頭上，我立刻變回了原樣。這時，老巫婆突然從天而降，她抓起妹妹的頭髮，呼嘯著飛回城堡。為了所有無辜的野鹿，我特來向您求救。」

王子聽了僕從一番驚心動魄的講述後，立刻下令安排兩匹戰馬，迅速啟程。

到了森林，王子一眼就認出了克麗米變成的母鹿，他吩咐僕從在這裡陪著克麗米，隻身一人向城堡衝去。

老巫婆照例接待了王子，並用護身符做幌子欺騙王子。王子早有準備，他順從地跟著老巫婆來到書房，假裝閉著雙眼，監視著老巫婆的一舉一動。正當她掏出藥粉舉到王子頭頂時，王子一躍而起，搶過裝藥粉的袋子，全都倒在了老巫婆的頭上。

瞬間，老巫婆變成了一頭又老又醜的野鹿，悲鳴著跑進了森林。王子將巫婆的妹妹救出，她用白色的藥粉將森林中的野鹿全部恢復了原形。大家紛紛拜謝王子救命之恩，並將他圍在中間，跳起了勝利之舞。這時，克麗米微笑著走到王子面前，溫柔地說：「謝謝你救了我，我願用一生報答你。」

於是，王子帶著克麗米回到王宮，開始了幸福的生活。

小知識：

極端的命運是對智慧的真正檢驗，誰最能經得起這種考驗，誰就是大智大慧。

孝順的兒子——
不願獨活的漁人塔卡

在阿拉伯的一個小漁村裡，住著一位年輕力壯的漁人，名叫塔卡。他與老母親相依為命，靠打魚維持生計，過著清貧的生活。

一天清晨，塔卡照常出海打魚，但是一直忙到傍晚，他都一無所獲。萬般無奈之下，塔卡只能回到家，與母親一起餓肚子。

第二天日出前，塔卡就划著漁船奔向海中。他撒下漁網，默默祈禱著：「真神阿拉，求您不要再讓我們餓肚子了。」

想著想著，漁網突然變得很沉。塔卡使出了吃奶的力氣，把漁網拉出海面。他定睛一看，一隻身形巨大的海龜在漁網中掙扎。塔卡心想：「牠的肉實在不好吃，而且也太老了，還是放生吧！」於是，他將海龜重新放回海裡，換了個地方繼續打魚。

天漸漸地黑了下來，塔卡看著空空如也的魚簍，心中十分沮喪。他把船停靠在岸邊，獨自坐在海邊哭泣著：「我是個無能的人，讓母親陪著我挨餓，真是不孝啊！」

這時，海面上波濤洶湧起來，隨著翻滾的大浪，一隻海龜來到了岸邊。牠恭敬地對塔卡說：「恩人，今天你救了我一命，我是來報恩的。」

塔卡一看，原來是白天被自己放生的那隻大海龜。

「算了，不用報答我了。」塔卡依然愁眉不展。

「恩人，剛才我聽你說，你的母親在挨餓？如果你能陪我去一次海底，我就讓你的母親一輩子豐衣足食，不再挨餓。」海龜說道。

聽了這話，塔卡睜大了眼睛：「為了母親，要我做什麼都可以。」

這時，海龜扔了一隻鯰魚在岸上，鯰魚慢慢變化成僕人的模樣。海龜吩咐他從今以後好好服侍塔卡的母親，不得有半點馬虎。說完，海龜馱著塔卡，潛到了海底。

海底的世界真奇妙，所有的建築都是金銀打造的，多姿多采的珊瑚閃耀著奇異的光芒。只見一群婀娜多姿的美人魚坐在一起聊天唱歌，不時傳出陣陣歡笑聲。塔卡左顧右盼，兩隻眼睛都不夠用了。

海龜馱著塔卡來到了龍宮門口，蝦兵蟹將組成了威武的儀仗隊歡迎塔卡，宮女們簇擁著他來到龍王與公主面前。

龍王和善地說：「年輕人，謝謝你救了我的海龜大臣。」

塔卡趕忙擺著手說：「不用謝，其實我也沒做什麼。」

這時，公主走到塔卡面前，珍珠般無瑕的臉上掛著迷人的微笑，她說：「恩人，我從小跟隨海龜大臣，他就像是我的父親一樣。如今，你救了我的父親，我希望能報答你。」塔卡被公主迷人的聲音和外貌深深打動，決定留在龍宮中。

每天，塔卡都在公主的陪伴下遊玩，他看到了從未見過的珍珠寶貝，領略了珊瑚組合變幻的瑰麗光芒，還經常和人魚們一起歌唱舞蹈，生活得開心無比。

一天，塔卡看到一隻老海龜躺在海底的礁石上，四周圍著幾隻哭哭啼啼的小海龜。他湊上前去問道：「你們為什麼如此傷心？」

小海龜哭著說：「我們的父親去世了，我們要送他最後一程。」

聽到這裡，塔卡突然想到了自己的母親，不禁鼻子一酸，流出了淚水。他找到龍宮公主，懇求道：「公主，我已經離開家一年之久了，我的母親年歲已大，我不能拋下她獨自在這裡享樂，我想回家去了。」

公主已經愛上了塔卡，不願意和他分別。於是，她將這件事告訴了海龜大臣，老海龜笑著說：「妳應該為自己愛上了一個孝順的青年而感到幸福。」

聽了海龜大臣的話，公主點了點頭。她摘下自己從小佩戴的珍珠項鍊交給塔卡，說道：「如果你以後想我了，就請看看這個。祝你和你的母親幸福。」

老海龜將塔卡送到了岸邊，便和他揮手告別了。

塔卡趕忙跑向自己的家，他推開家門，看到了正在燒飯的鯰魚僕人，便問道：「我的母親呢？」

「您的母親年紀大了，上個月剛剛壽終正寢，我將她安葬了。」僕人答道。

聽到母親去世的消息，塔卡猶如五雷轟頂。他陷入了無限的傷感中，泣不成聲。塔卡十分悔恨自己沒能盡到一個兒子的義務，他走出屋子，遙望著遠方的天空，祈禱著：「萬能的真神啊！我失去了所有的親人，並不想獨自活在這個世上，求你讓我隨風而去吧！」

這時，海天相連的地方飛來一隻白鴿，牠飛到塔卡面前，啄起一片羽毛，輕輕放在塔卡的頭上，塔卡立刻變成了一隻白鴿。他搧動著翅膀，飛向了高空。這時，老海龜馱著龍宮公主浮出了海面，目送著白鴿漸漸遠去。

小知識：

在孩子們的口頭和心裡，母親就是上帝的名字。

一時失言丟了丈夫——

變成飛鳥的塞克娜

大馬士革城中住著一位叫塞克娜的女孩，她長得清秀俊美，但家境十分貧苦。每天她都到農場裡擠牛奶，然後放到家中，牛奶發酵後會變成酸酸甜甜的優酪乳。塞克娜將這些發酵好的優酪乳拉到城裡去賣，賺些錢來養家。

一天夜裡，塞克娜把白天從農場擠回來的牛奶倒進三、四十個小玻璃瓶中，等待發酵。她坐在玻璃瓶旁，情不自禁地哼起歌來：「優酪乳快快好，魔鬼別打擾……」哼著哼著，塞克娜就睡著了。

半夜，塞克娜感到喉嚨乾渴，便起身去倒水。她一睜眼，看到奶瓶中間赫然站著一隻公雞，正在啄食其中一瓶牛奶。塞克娜趕忙跳下床，把公雞趕到一邊，拿起被公雞啄過的奶瓶。她聞到奶瓶中飄出一股不同以往的味道，就試著舔食了一些。沒想到牛奶變得又苦又辣，把她狠狠嗆了一下。

「一定是公雞搞的鬼。」塞克娜放下奶瓶，去抓公雞。

無論公雞跑到哪裡，塞克娜就追到哪裡。最後公雞跑出塞克娜的家，跑進草叢，跳進一個地洞。塞克娜也毫不猶豫地跳了進去。

洞中擺設整齊，乾淨明亮。這時，公雞搖身一變，變成了一個風華正茂的青年。塞克娜驚得目瞪口呆，發現這個青年既強壯又帥氣，頭髮上還戴著一把深紅色的梳子。

青年慢慢地向塞克娜走來，說道：「妳好，我是一個魔王，觀察妳很久了，妳是我心儀的女子。」

說完，魔王變出一桌豐盛的飯菜，邀請塞克娜共用。吃完飯後，魔王給了她許多珠寶和漂亮的衣服，還變出一件婚紗。塞克娜穿上婚紗，佩戴好珠寶首飾猶如公主一般。她同意了魔王的求婚，依偎在魔王的懷裡。

就這樣，塞克娜再也不用辛苦地賣奶了。她每天都在洞中吃、喝、玩、樂，直到有一天，她待悶了，想去外面的世界看看。

塞克娜央求魔王：「親愛的，我整天待在洞裡，都快憋瘋了，求你讓我出去走走吧！」

魔王撫摸著塞克娜的臉蛋，回答道：「親愛的，如果妳想去，那就去吧！但是，妳絕對不可以告訴

別人妳住在哪裡、妳的丈夫是誰，否則將會大禍臨頭。」

塞克娜點點頭，說道：「你放心，我一定守口如瓶。」

魔王把塞克娜擁入懷中，溫柔地說：「親愛的，我一時一刻也離不開妳。這樣吧？我變成一把梳子，妳把我戴在頭上，這樣我們就能在一起了。」

說完，魔王變成一把深紅色的梳子。塞克娜輕輕地把梳子戴在頭上，換上漂亮的衣服，走出洞去。

她來到曾經賣奶的市集，以前的老主顧們看到她，都頗為驚訝。大家把塞克娜團團圍住，有人說：「塞克娜，妳從哪裡弄來的衣服啊？」塞克娜微微一笑，沒有作答。又有人說：「這些日子妳去什麼地方了？為什麼一直不見妳呀？」塞克娜還是微微一笑，沒有回答。

後來，一個老太婆看到塞克娜頭上的梳子，說：「塞克娜，我見過一隻公雞戴著和妳一樣的梳子。」

「是嗎？我也是在公雞頭上看見的。」塞克娜脫口而出。

話音剛落，塞克娜頭頂的梳子「啪」的一聲掉在地上。她驚恐地大喊：「你們小心，那把梳子是我的丈夫！」話還沒說完，梳子就消失得無影無蹤。

見到此景，大家全都驚呆了。塞克娜失聲痛哭，因為自己的無心之過，失去了愛她的丈夫。

自從失去丈夫以後，塞克娜終日以淚洗面，她變賣了所有珠寶，開了一家咖啡店。來這裡的客人無論男女老少，只要為她講一個故事，她就為客人買單。她常說：「沒有一個人的故事比我悲慘，有誰能夠止住我的眼淚。」

一天，咖啡店裡來了一位老婆婆。她對塞克娜說：「如果妳為我買單，我將告訴妳一件離奇事。」塞克娜點頭應允。

老婆婆說：「我剛才看見城外的花園裡有一隻鳥在傷心流淚，一遍一遍地說著：『把我當梳子摔在地上的女子在哪裡啊？』」

塞克娜說：「您帶我去看看那隻鳥好嗎？」

於是，老婆婆帶塞克娜來到花園。此時那隻鳥正在悲啼：「把我當梳子摔在地上的女子在哪裡啊？」

那隻鳥一見塞克娜，立刻止住了眼淚，高興地說：「塞克娜，我的愛人，我受到懲罰變成一隻雄鳥，妳還願意和我在一起嗎？」

塞克娜哭著說：「我願意和你一起接受懲罰。」

話音剛落，塞克娜就變成一隻雌鳥，與雄鳥比翼飛進樹林。

小知識：

從那時起，雄鳥的頭上都長著漂亮的鳥冠，而雌鳥的頭上反而光禿禿的。

青梅竹馬的愛情——
至死不渝的櫻桃樹

在遙遠的達拉城中住著兩戶人家：耶曼一家與達妮一家。他們的房子連在一起，兩家的臥室中間只隔著一堵牆。耶曼強壯有力，是全城最英俊的男孩；達妮純真善良，是全城最美麗的女孩。兩人青梅竹馬，從小一起長大，一起玩耍，幾乎是形影不離。

時光荏苒，耶曼與達妮慢慢長大成人，一個變成身材高大的英俊男子，一個變成婀娜高挑的大美人，他們在彼此心中都擁有著重要的地位。每當夜幕降臨，他們就偷偷從家中跑出來，到隱蔽的地方約會，一起憧憬著幸福的未來，直到夜深才依依不捨地分開。

一天，一個巫婆從達拉城經過，她看到帥氣的耶曼與美麗的達妮正在約會，不禁心生嫉妒。她惡狠狠地想：「我恨這溫馨的場面，我要拆散他們！」

巫婆一連觀察了幾天，發現這對情侶總是在同一時間、同一地點約會。於是，她跑到城中的市集上，將這個祕密告訴了幾個長舌婦，婦人們聽後頗為驚喜，她們走街串巷地傳言：「耶曼與達妮尚未婚配就搞在一起了，他們每晚都在城裡鐘塔的閣樓間廝混。」

消息很快就傳到了耶曼與達妮的家長耳裡，他們把兩個孩子一頓毒打，並反鎖在各自的房

間中，並呵斥道：「不要臉的東西，乾脆死在這屋子裡吧！」

兩個相愛的年輕人並沒有就此放棄，他們每天都向真神禱告，期待有朝一日逃出房間，團聚在一起。耶曼與達妮心有靈犀，兩人同時想到，原來他們僅有一牆之隔。於是，兩個人不分白天黑夜地在牆上挖洞，終於有一天，他們透過小洞，看見了彼此，互訴衷腸。

達妮傷心地說：「親愛的，不知道什麼時候我們才能再在一起。」

「親愛的，別急，等我想想辦法，我們一定會在一起的。」耶曼堅定地說著。

……

後來，他們漸漸地聊累了，便各自吻了吻小洞，依靠在牆上睡著了。

第二天黎明，耶曼捶打著牆，對達妮喊著：「親愛的，快醒醒，我有辦法了！」

聽到耶曼的呼叫，達妮驚醒過來，懵懂地問：「什麼辦法？」

「據我觀察，我們的父母每天上午同一時間出去買菜，我們可以趁機逃出去。」

達妮聽後又驚又喜，她按照耶曼的吩咐，做好了準備。

中午時分，他們的父母結伴出去買菜。耶曼將房子的窗戶砸碎，翻了出去，他踹開達妮的門鎖，領著她逃出了家。他們在市集中奔跑，被一個長舌婦看到，她大喊道：「耶曼和達妮逃跑啦！」

正在買菜的父母朝著喊聲的方向看去，一眼就看到了奔跑中的孩子。他們拼命地追在後面，耶曼見狀，一邊加快速度，一邊對達妮說：「我們分開逃跑，在城外湖邊的白色櫻桃樹下會合，不見不散。」

達妮點點頭，她鬆開了耶曼的手，勇敢地向城外跑去，耶曼則掉頭衝回市集。雙方父母一時間不知所措，氣喘吁吁地站在原地。

達妮跑到湖邊的白色櫻桃樹旁，她掏出手帕擦了擦汗，坐在河邊靜靜等著耶曼。這時，一隻母獅突然出現，犀利的雙眼直直地盯著達妮。達妮慢慢站起身，冷靜地把手帕掛在樹上，突然掉頭跑向森林深處，母獅緊緊地向達妮追去，消失在森林中。

過了一會兒，一頭獵豹剛剛吃完一頭小牛，滿嘴血腥地來到湖邊喝水。牠看見樹上隨風擺動的手帕，還以為是人類，便惡狠狠地衝上去，將手帕撕咬成碎片，迅猛地竄進了森林。

耶曼躲過了家長們的追逐，快步跑到湖邊的白色櫻桃樹下。他左看右看，都沒有達妮的蹤影。這時，他看到了達妮的手帕，手帕被撕得稀爛，上面血跡斑斑。耶曼猶如五雷轟頂，痛苦地抱著頭，哀嚎著：「親愛的，妳是不是被猛獸吃了？都怪我沒有保護好妳，沒有妳我活著還有什麼意思呢？」

耶曼痛哭著，他把達妮的手帕貼在胸口，掏出了匕首，狠狠地扎進了心窩。很快地，耶曼就靠在櫻桃樹下，氣絕身亡了。

達妮在森林中左跑右躲，終於甩掉了母獅。她急忙跑向櫻桃樹，發現樹下坐著一個人，「一定是耶曼來了！」達妮興奮地跑到了樹下。可是她被眼前的一幕驚呆了，耶曼的胸口淌著鮮血，臉上掛著熱淚，一隻手緊緊地攥著胸前的手帕。

達妮知道自己來晚了，她撕心裂肺地哭喊著：「親愛的，沒有你我一天也活不下去！死神，快來吧！讓我和耶曼在一起吧！」

說完，達妮躺在耶曼的懷裡，拔出耶曼胸口的匕首，深深地刺進自己的心窩。兩個人的鮮血匯成一股，流入土地中。這時，櫻桃樹上雪白的櫻桃慢慢變成了火紅色，就像他們的愛情一樣濃烈。

小知識：

那種使我們自私自利，膽小怯弱，流於盲目本能的下流行為的愛情，應該算是一種邪惡的熱情；而那種用美好的感情和思想使我們昇華並賦予我們力量的愛情，才能算是一種高尚的熱情。

用真心換真愛——

海神之女海妮耶

島國上有一位年輕的國王，他愛民如子，時刻想著的都是如何為百姓謀福利，把國家建設得興旺發達，百姓們安居樂業。但是，三十而立的他一直單身，每到夜晚，他都被孤獨感猛烈地侵襲著。

一天，守門侍衛向國王報告：「陛下，門口有一個商人，他帶來一位絕世美女，說是要獻給您。」

「讓他們進來。」國王吩咐說。

商人帶著美女來到國王面前，商人掀開美女的頭紗，露出她的面龐。只見她臉龐光鮮圓潤，一雙大眼睛晶瑩剔透，嘟著粉紅的小嘴。她向國王優雅地行了禮，國王已被迷得神魂顛倒。

「果然是絕世美女啊！」國王感慨道。

商人對國王說：「陛下，我花了五千個金幣才買下她，現在我想把她獻給您。」

國王謝過商人，送給他一萬個金幣和一盒珠寶。同時要宮中所有人細心照料這位美女，並給予她足夠的尊重。

接著，國王把美女帶到一間房裡，房間的窗子朝向大海。國王溫和地說：「今後妳就住在這裡吧！怎麼樣？」

美女看著窗外，微微一笑沒有作答。她的笑容甜美至極，國王看得賞心悅目。「她不回答我的問題，也許是沒人教她吧？」國王心裡這麼想。

到了午飯的時間，國王親自為美女端來了可口香甜的飯菜，並對她說：「這些飯菜都是我精心為妳挑選的，妳喜歡嗎？」

美女看看飯菜後，對著國王甜美一笑，還是沒有回答。

「妳叫什麼名字？」國王一邊欣賞著美女的笑容，一邊溫柔地問。

美女依然對國王微笑著，就是不開口說話。

就這樣過了整整一年，美女還是不說

話。國王每天都親自噓寒問暖，對她關愛備至。

一天，國王拿著一朵玫瑰花來到美女面前，真誠地說：「我想娶妳為妻，如果妳也愛我，請妳告訴我，哪怕是一個手勢也好。」

美女看著國王，綻放出迷人的笑容。她對國王說：「陛下，您對我的耐心與真心，我都看在眼裡，記在心裡，我願意和您在一起。」

聽到美女終於開口說話了，國王高興得像個孩子。他對美女說：「現在可以告訴我妳叫什麼名字嗎？」

「我叫海妮耶，是海神的女兒。有天我在海上玩耍的時候被漁民抓住，他把我賣給了商人，商人又把我獻給了您。我是一個苦命的可憐人。」

國王一把抱住海妮耶，溫柔地說：「不，我所有的財富都是妳的，有我在妳身邊，妳永遠都不會再受苦了。」

海妮耶嬌柔地依偎在國王懷裡，呢喃道：「您對我真好，我很幸福。不過，我已經快兩年沒有見到媽媽和哥哥了，非常想念他們。」

「妳的家人都在海裡嗎？他們能到陸地上來嗎？」國王好奇地問。

海妮耶笑著說：「我們在海底，和你們在陸地上是一樣的。當然，我們也可以自由地在陸地上活動。如果您想見他們，我現在就請他們來。」

「現在？怎麼可能？」國王抱著懷疑的態度。

海妮耶請僕從們端來一個火盆，她雙手合十，對著火盆喃喃唸咒。突然，火盆中冒出了藍色的光，海妮耶說道：「陛下，請您先躲進衣櫃裡，我的媽媽和哥哥快來了。」國王輕手輕腳地鑽進衣櫃，從門縫裡偷偷觀望著。

窗外的海面上波濤四起，大浪一個接一個。沒多久，一個浪花捲到了海妮耶的窗前，一位年輕俊秀的男子攙扶著一位花白頭髮的老婆婆，從浪花中走來。

「哥哥！媽媽！」海妮耶哭著撲了過去。

「妹妹！妳到哪裡去了？媽媽都快急死了。」哥哥抱著海妮耶，焦急地說。

於是，海妮耶將事情的經過告訴了他們。這時，哥哥生氣地說：「不行，我才不要妳嫁人，跟我回家吧！」

海妮耶解釋道：「我來這裡一年多了，國王不僅對我關愛有加，還十分尊重我，從未逼迫我做什麼。」

「那是因為他還沒有娶到妳，人類得到以後就不會珍惜。」母親勸慰著說。

「不！」海妮耶堅定的說：「這位國王智慧慷慨公正嚴明，受到了全城百姓的擁戴，他是一個正人君子。」

「那妳讓我們見見他吧！」哥哥對海妮耶說。

這時，海妮耶把國王從衣櫃裡請了出來。國王恭敬地向海妮耶的母親行了禮，並吩咐侍從準備各種精美的食物和飲品，熱情地招待了他們。海妮耶的哥哥與母親在王宮中住了一個月，他們感受到了國王的真心與誠意，最後同意了海妮耶的婚事，欣慰地回到海中。

婚後不久，海妮耶就為國王生下一名男嬰，他有著母親的美麗容貌，像天上的月亮一樣明朗。國王給兒子取名叫貝德，希望他像父親一樣善良真誠、正義勇敢。

小知識：

想要對方喜歡你，真誠與真心是最可靠的辦法，它能讓你擁有最大的魅力。

後母殘忍拆散鴛鴦——玫瑰公主賽琳娜

賽納王國的國王有一個漂亮的獨生女兒，她叫賽琳娜，真主賦予了她神奇的身體。每當賽琳娜一哭，天上就會降下綿綿細雨；她一笑，天空就會陽光燦爛；她一抬左手，地上就會盛開朵朵桃花；她一抬右手，地上便開滿芬芳的玫瑰。當地的百姓們都稱她「玫瑰公主」。

一天，賽琳娜的神奇事蹟傳到了島國貝魯特的王子耳裡。他對這位「玫瑰公主」充滿了好奇心。於是王子央求父親道：「父王，我已經到了婚配的年紀，我想向賽納王國的賽琳娜公主求婚。」國王應允了兒子的請求，準備了一艘豪華客船，派遣特使到賽納王國去提親。

提親特使在海上航行的這幾天，賽納國卻出了大事。國王的王后，也就是賽琳娜的母親因病去世了，父女兩人悲痛不已。為了國家社稷著想，國王只好提拔一位後宮嬪妃登上王后的寶座。新王后非常嫉恨賽琳娜公主的美貌與神力，她處處排擠賽琳娜，而偏袒自己醜陋無比的親生女兒。

不久，貝魯特國的特使就來到了賽納王國。他見到了國王，表明王子對賽琳娜公主的愛意。國王欣然接受了婚約，準備派人將賽琳娜送到貝魯特王國。

這時，王后對國王說：「陛下，請讓我和我的親生女兒一起送賽琳娜公主出嫁吧！」

國王聽了非常感動，他答應了皇后的請求，並親自送她們上了船。

船在海上航行了三天，每一天，王后都狠狠地虐待著賽琳娜。她不給賽琳娜任何食物和水，還把她囚禁在船艙裡。

到了第四天，賽琳娜實在渴得難以忍受了，便呼喊著向王后求救：「求求妳救救我，給我一口水喝吧！」

王后慢慢走到賽琳娜面前，說道：「妳可以用妳的眼睛來跟我換水。」

為了活命，賽琳娜只好點點頭。這時，王后命人剜下了賽琳娜的雙眼，扔下一瓶水，轉身離去。

就這樣，賽琳娜痛苦地熬過每一天。終於在第十天，大船到達了貝魯特島。

王后拉著親生女兒上了岸，讓她穿上賽琳娜的長裙，打扮成賽琳娜的模樣，趕去貝魯特王宮。

王子見到所謂的玫瑰公主，不停地上下打量著。他發現公主並不像百姓們傳言的那樣美麗無瑕，反而是醜陋無比。但是他們已經訂下婚約，王子也只好硬著頭皮與她生活。

真正的玫瑰公主賽琳娜被遺棄在街頭，她雙目失明，只能靠摸索前進。賽琳娜誤打誤撞地走到了一個農夫的莊園，好心的農夫收留了她。賽琳娜把自己悲慘的身世告訴了農夫，農夫決定幫助她。

一天，王子對醜公主說：「依我觀察，妳哭或者笑，對天氣都沒什麼影響。我真懷疑妳是不是玫瑰公主？」王子說完，便出城了。

醜公主非常愛王子，但又怕被王子識破，她十分悲痛地坐在窗邊。

這時，一個農夫在門外吆喝：「誰要桃花？誰要玫瑰？」

醜公主一聽，心想：「如果我把桃花和玫瑰藏進袖子裡變給王子看，他一定就會相信我是玫瑰公主了。」

於是，醜公主快步跑到農夫面前問：「桃花和玫瑰一共多少錢？我全要了。」

農夫說：「桃花和玫瑰不能用錢買，只能用眼珠子換。」

醜公主太想討王子歡心了，便跑去求母后拿出賽琳娜的眼睛換桃花和玫瑰。母后為了女兒的幸福，也只好同意了。醜公主用眼睛換來了桃花和玫瑰，她等待著王子歸來，打算為王子表演一番。

回到莊園，農夫把眼睛放進賽琳娜的眼眶裡。瞬間，賽琳娜的雙眼變得明亮迷人。她看到農夫善良質樸的臉，想到農夫給予她的幫助，不禁感動地落下了淚。這時，天空降下了綿綿細雨。

「別哭，妳的雙目剛剛復明，應該感到高興呀！」農夫笑著說。

賽琳娜擦乾眼淚，綻放出甜美的笑容。這時，天空立即放晴。

賽琳娜抬起左手，莊園的左半邊土地桃花盛放；賽琳娜抬起右手，莊園的右半邊土地鋪滿了玫瑰。農夫為這美麗的景色高興不已。

王子回城時路過莊園，親眼見證了剛才的一幕幕。他走進莊園，來到賽琳娜面前，單膝跪地，說道：「我是貝魯特的王子，妳才是我的玫瑰公主，請接受我的愛。」

賽琳娜把王子扶起，向他訴說了路上發生的一切。王子帶著賽琳娜回到宮中，下令處死了可惡的後母和她醜陋的女兒。從此，貝魯特國再也沒有欺騙的行為出現。

小知識：

人可以在所有的時間欺騙一部分人，也可以在一段時間欺騙所有的人，但他永遠不可能在所有的時間欺騙所有的人。因此，欺騙者遲早是要失敗的。

女孩裙底的祕密——巫婆與狗腿

有一對恩愛的夫妻，在結婚一年後生下了一個漂亮可愛的女兒，取名為卡蜜拉。可是卡蜜拉尚未滿月時，母親就去世了，父親一人擔起了養育女兒的責任。

卡蜜拉一天天長大成人，家裡的事務也漸漸多起來，父親很想再娶一位妻子來幫女兒分擔一些家務。終於，他找到了一位自認為合適的女人，娶回了家。

新婚妻子剛進門時表現非常好，把家務料理得井井有條，對卡蜜拉和丈夫也照顧得十分周到。可是，僅僅過了幾天，她立刻就厭煩了，特別是對卡蜜拉的厭惡。她向丈夫抱怨道：「我整天伺候卡蜜拉吃喝，可是她連一聲媽媽也不肯叫我，還總是黏著你，我過得是什麼日子啊！」

「親愛的，讓妳受委屈了。女兒一直被我嬌慣，她還小，我們該寬容她。」丈夫趕忙安慰妻子。

從那時起，妻子每天都向丈夫抱怨對卡蜜拉的種種不滿，並且肆意在家大發脾氣，鬧得家中雞犬不寧。

丈夫一臉無奈地問她：「妳到底想怎麼樣？」

「我已經受夠了！要嘛我走，要嘛把你女兒趕走，我再為你生一個，你自己選擇吧！」妻子氣憤地說。

丈夫陷入了無盡的痛苦中，因為無論怎麼選擇都會傷心。他想，妻子是家庭的根基，她也能夠生孩子，可是孩子卻生不出妻子。經過了一天一夜的腦內革命，他決定把女兒送走，讓卡蜜拉自尋出路。

妻子為丈夫出了個主意，丈夫點頭同意了。他來到卡蜜拉的房間，說道：「女兒，妳收拾一下行李，我帶妳到親戚家住幾天吧！」卡蜜拉聽後非常高興，趕忙裝好行李，和父親出發了。

他們走在一片沙漠中，天色漸漸暗下來。父親把女兒帶到一棵樹下，讓女兒休息一下。卡蜜拉放心地躺在父親懷中，漸漸進入了夢鄉。

半夜，父親見卡蜜拉睡得正酣，他輕輕地把卡蜜拉靠在樹上，深情地吻了她的額頭，流著淚轉身離去了。

第二天清晨，卡蜜拉睜開雙眼，發現父親不見了。她焦急地呼喊，可是沒有任何回聲。於是卡蜜拉漸漸明白，她是被父親狠心地拋棄了。

卡蜜拉被恐懼與飢餓包圍著，在荒無人煙的沙漠中痛苦煎熬。她熬過了一天、兩天、三天，到了第四天，卡蜜拉靠在樹下，已經虛弱得幾乎奄奄一息了。這時，一隻純白色的狗朝她走來，狗的嘴裡叼著一個籃子，裡面裝滿了新鮮的水果。

狗把籃子放在她面前，卡蜜拉抓起五顏六色的果子，狼吞虎嚥地吃起來。等她吃完後，狗又叼起空籃子，轉身跑掉了。

第五天，狗依然準時叼著籃子，為卡蜜拉送食物。卡蜜拉感到非常奇怪，便偷偷跟在狗的後面，看牠到底去哪裡。

狗來到一塊大石頭前，用爪子在巨石上抓了三下，巨石瞬間移開，露出一個洞來。卡蜜拉跟著狗走進洞中，穿過隧道，她驚奇地張大嘴巴，這個洞中遍地鮮花，香氣襲人，有許多的精靈在唱歌跳舞，呈現一團歡樂的氣氛。

這時，狗出現在卡蜜拉面前，對她說：「妳發現了我們的祕密，就會變得像我一樣。」

卡蜜拉低頭一看，原先美麗修長的雙腿瞬間變成了毛茸茸的狗腿。她大叫一聲，嗚嗚地哭了起來。

「妳的腿已經變化，如果不趕快走，妳就會完全變成狗的模樣。快到贊布國去吧！那裡的椰棗園是妳的歸宿。」狗說道。

卡蜜拉嚇得轉身要走，「慢著！」狗叫住卡蜜拉，並送給她一個哨子，「如果需要我，就吹一下哨子，我會立刻出現。」

卡蜜拉按照狗的指示，來到了贊布國的一片椰棗園裡。她見一位青年正在園中勞作，便走上前問道：「先生，我是一個可憐人，您能收留我嗎？」

青年正是椰棗園主的兒子，他被卡蜜拉的美貌所吸引，便回答道：「我希望妳做我的妻子，在這裡快樂地生活下去。」

卡蜜拉同意了。

椰棗園主知道了此事，認為是上天的安排，於是同意了兒子的婚事。卡蜜拉將自己的身世和變成狗腿的祕密告訴了青年，青年非常愛她，對這一切並不在乎。

婚禮在椰棗園舉行，全村人都趕來湊熱鬧。卡蜜拉與丈夫被大家圍在中間，載歌載舞。這時，一個巫婆發現卡蜜拉的長裙下是一雙狗腿，就大喊道：「大家快看！新娘是妖怪！」

卡蜜拉被巫婆的喊聲嚇壞了，機敏的丈夫拉著她立刻跑回了新房。他急中生智，對卡蜜拉說：「親愛的，別怕，不如用妳的哨子向狗求助吧！」

卡蜜拉瞪大眼睛，用力地點點頭。她吹響了哨子，狗瞬間出現。卡蜜拉央求道：「有個巫婆要害我，求你把我的腿變回來。」

「好吧！」狗用爪子抓了一下卡蜜拉的腿，然後消失了。

卡蜜拉低頭一看，她的腿已經復原，變成白嫩修長的人腿。她挽著丈夫的臂膀，慢慢走到椰棗園中。巫婆興奮地掀起卡蜜拉的長裙，大家都被新娘美麗的雙腿迷住了，並咒罵巫婆不識好歹、虛張聲勢。巫婆自覺顏面掃地，灰頭土臉地逃走了。

從此，卡蜜拉與丈夫過起了幸福的小日子。

小知識：

善良的人會毫不懷疑地把所有人都看做好人，即使落了難，也會得到上天的眷顧。

一個好漢三個幫——

國王與皇后

有一天晚上，阿拉伯的一位國王連續做了八個惡夢。他驚醒以後滿頭大汗、手足無措。第二天一早，國王立刻召見了王宮中的巫師，讓他為自己解釋這八個夢的吉凶。巫師頗為自信地說：「陛下，請您給我幾天時間，我會給您一個滿意的答覆。」

「好，就給你三天時間吧！」國王說道。

巫師辭別了國王，回到自己的房間。他忍不住奸笑起來，心想：「既然國王這麼信任我，我可以好好利用這次機會，將朝廷裡的忠良全部除掉，然後再殺死國王，由我來繼承王位。」於是，巫師動起了邪念，想了一套十分周密的陰謀。

三天後，國王召見了巫師，問道：「我的夢能解開了嗎？」

巫師看了一眼周圍的人，說道：「陛下，此夢只能說給您一個人聽。」

國王命令大臣與所有侍從統統退出宮外，只留下巫師一個人。這時，巫師緩慢地說：「陛下，我查過了所有的資料，您做的夢是絕對的惡夢，它們都是災難的象徵。唯一避免不幸發生的辦法，就是殺掉您身邊的人。」

聽到這裡，國王嚇得張大了嘴，他驚訝地說：「殺掉誰呢？」

「這八個惡夢代表八個人，分別是您的宰相法德、您的王后蘇珊、您的王子、您的武將軍、您的水軍總管、您的兵器總管，還有您的兩名貼身侍衛。只要殺死惡夢所代表的八個人，災難就會變成驚喜，否則，您的王位將不保。」

巫師的話彷彿是一塊石頭，重重地砸在國王頭頂上。回到寢宮後，他坐立難安，十分憂愁，自言自語道：「他們都是與我最親近、最忠誠於我的人，我怎麼能殺死他們呢？沒有了他們，我一個人坐在王位上還有什麼意義？可是，如果我的王位不保，連累了天下百姓，豈不是更不配做國王嗎？」

從那以後，國王整日憂心忡忡，一會兒暴躁不安，一會兒淚流滿面。消息很快傳了出去，人人都知道了國王的愁苦。

宰相法德十分擔心國王，但他並不敢冒昧地詢問。所以，他跑到後宮，去見王后蘇珊。

法德對蘇珊說：「王后，前幾天國王做了八個惡夢，於是便找巫師求解。解夢時國王命令我們退下，因此我們並不知道其中的祕密。但從那以後，國王整日憂愁煩悶，不問國事。我很擔心國王，所以特來求您去瞭解一下情況。」

聽了宰相的話，蘇珊說：「事關國家大事，非同小可，國王與巫師之間一定有什麼不可告人的祕密。宰相別擔心，我這就去問個究竟。」

說完，蘇珊打扮妥當，便向國王的寢宮走去。

蘇珊來到國王的寢宮，優雅地依偎在國王腿旁，嬌柔地說：「陛下，看您愁容滿面，我十分擔心，能告訴我您怎麼了嗎？」

國王見到自己最愛的王后，想起巫師說的話，不禁流下了淚水。他捧著王后嬌嫩的臉，問道：「我的愛人，如果有一天我把妳殺了，妳會怪我嗎？」

蘇珊聽後先是一驚，然後努力地保持鎮定，溫和地說：「我是您的人，我死以後，您可以再從嬪妃中選一位王后，我愛您還來不及，怎麼會怪您。不過，我想知道您為什麼這樣說？」

國王被蘇珊的一番話深深打動，他嘆了一口氣，將巫師為自己解夢的事情一一告訴了王后。蘇珊聽後頗為震驚，她沉思了一下，對國王說：「陛下，您曾經因為巫師的兒子濫用魔法而殺了他，難道您不認為這是巫師的報復嗎？不管災難是否會發生，但您殺光了所有忠臣良將，難道這不是一場最血腥的災難嗎？巫師讓您殺掉的人，全部都是您的親信，如果天下百姓知道了，他們會怎麼看您？您不該單方面相信巫師的話，而是應該找寺中的高僧大德為您解夢。」

蘇珊一番推心置腹的話讓國王恍然大悟，他立刻快馬加鞭，趕往山中的寺廟。高僧聽國王講解了八個惡夢後，對他說：「陛下，您的夢都是些生活瑣事，並沒有什麼可怕的，如果您不放心，可以在床頭掛一把桃木劍，即可消災延壽。」

聽了高僧的話，國王轉憂為樂，歡喜得不得了。他趕回王宮，找到蘇珊王后，深情地抱起她說：「我的愛人，謝謝妳。」

蘇珊溫柔地答道：「陛下，不要謝我，快去謝謝您的宰相吧！他是您不可多得的忠臣。」

於是，國王重重封賞了宰相法德，並請來寺中高僧與巫師當場對質，巫師嚇得魂飛魄散，立即被國王賜死。

從此，舉國上下一團祥和。

小知識：

有智慧的人遭遇陷害時，首先會克制自己，接受別人的忠言。同時，他會利用智謀，去克服災難，絕不灰心失望，更不會因此而心生煩悶。因為愁悶只會增長仇人的快樂，對自己卻毫無裨益。

惡毒皇后害國王——

見義勇為的蘇爾坦

年輕的國王紮馬勒統治著西比海島，這座島國上的百姓們安居樂業，生活幸福。

一天，紮馬勒躺在寢宮中閉目養神，身旁兩個替他搖扇子的侍女以為國王睡著了，便聊起天來。

「主人真可憐，他在這裡睡覺，卻不知道他的妻子在做什麼。」一個說。

「當然了，」另一個說道，「王后每天晚飯時都對主人偷偷下安眠藥，主人根本無法知道她在幹什麼。」

聽了這些話，紮馬勒痛苦萬分，但他依然假裝睡覺。等到晚飯時，王后端來一杯加有香料的酒，他故作鎮定，假裝喝下那杯酒，然後躺在床上。過了一會兒，紮馬勒瞇起雙眼，開始裝睡。王后見國王已經熟睡，便換上最華麗的衣服，悄悄走出寢宮，向城門走去。紮馬勒等妻子走後不久，也偷偷跟著她的步伐。

王后走出城門，來到一座搖搖欲墜的茅草屋，草堆中躺著一個粗壯醜陋的怪人。怪人見王后來了，大聲咒罵著：「妳這賤人，趕快來服侍我！」

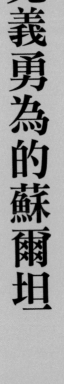

聽著怪人對自己妻子的恐嚇和辱罵，紮馬勒十分氣憤：「我的妻子怎麼會和這樣的人有牽連，一定是中了怪物的魔法了。」紮馬勒心想，他決定殺死怪人，破除妻子的魔咒。

怪人一次又一次地羞辱王后，王后在怪人面前卑躬屈膝，紮馬勒終於忍無可忍，跳入茅草屋，掏出寶劍，一刀砍在怪人胸前，然後拉著妻子跑回了王宮。他以為怪物必死無疑，妻子的魔咒一定解開了。

第二天，王后紅著眼睛對紮馬勒說：「陛下，我的母親和父親全都意外死去，請你陪我一起回家辦理喪事吧！」

看著可憐的妻子，紮馬勒非常憐憫，他立刻收拾行李，跟隨妻子出了城門。可是沒想到，王后竟然又帶他來到了茅草屋。她凶狠地對紮馬勒說：「主人被你刺傷後就不會說話了，是你害了我的主人，我要替他報仇。」

說罷，王后對著紮馬勒唸起了咒語，紮馬勒的下半身慢慢變成了石頭。王后還認為不夠，又將紮馬勒統治的國家折騰個翻天覆地。她把都城變成了湖泊，把百姓都變成了魚，還替怪人折磨紮馬勒，每天鞭撻他一百下。

不久後，一位蘇爾坦路過西比海島，他見島上風景優美，有山有水，就登上小島欣賞美景。走著走著，他來到了王宮前，蘇爾坦輕輕地敲門，但卻無人應答。他小心地走進去，來到大殿上。大殿正中坐著一個青年，他向蘇爾坦點頭行禮，並恭敬地說：「您好，我是本島的國王，我中了魔法，無法起身迎接您，請原諒。」

聽完青年的話，蘇爾坦驚奇地發現，這位國王的下半身居然變成了石頭，他關切地問道：「陛下，你怎麼變成這樣了？」

於是，紮馬勒將妻子對他和全城百姓的迫害一一告訴了蘇爾坦。蘇爾坦非常氣憤地說：「你放心，我一定要懲治這個女人，救出所有百姓。」

第二天，趁著王后在宮中鞭撻紮馬勒國王的時候，蘇爾坦跑到了茅草屋裡，他砍下怪人的頭，將屍體扔到後院的豬窩裡。同時，他把自己打扮成怪人的模樣，躺在草堆上。

過了不久，王后回來了，蘇爾坦裝作有氣無力地說：「妳讓我好難受啊！」

聽到怪人張口說話了，王后又驚又喜，她答道：「主人，您能說話了，真是太好了！不過，我怎麼讓您難受了？」

「妳加在國王和百姓們身上的魔咒，大概也落在我身上了，快把所有的咒語解除，那樣我

才會好起來的。」蘇爾坦怪裡怪氣地說。

王后感到十分迷惑，但她並不敢違背怪人的命令，只好跑到城門口，將所有的魔咒解除。城中瞬間恢復了熱鬧的景象，國王紮馬勒也漸漸恢復了原樣。

王后跑回茅草屋，對怪人說：「主人，我已經將所有魔咒解除了，您還難受嗎？」

「妳很聽話，」蘇爾坦說道，「快過來，扶我起來。」

蘇爾坦見王后離自己越來越近，突然掏出了腰間的匕首，一刀了結了她的性命。

他提著王后和怪人的腦袋回到王宮，紮馬勒感激涕零地跪拜在蘇爾坦面前說道：「感謝您的救命之恩，希望我能和您永遠在一起。」

「感謝真主，他賜給我一個兒子。」蘇爾坦與紮馬勒熱情地擁抱在一起。從此之後，他們以父子相稱，愉快地度過了一生。

小知識：

弱者只有千難萬難，而勇者則能披荊斬棘；愚者只有聲聲哀嘆，智者卻有千路萬路。

為朋友捨棄愛女——

講義氣的哈倫

王子哈倫出生不久，父親就意外去世了，母親含辛茹苦將他撫養長大。轉眼間，他已經成了一名既英俊又勇敢的王子。在他十八歲生日那天，哈倫對王后說：「媽媽，我已經成人，我想去麥加聖地參加朝覲。」王后雖然很不捨得，但為了能讓兒子有所作為，還是委婉地同意了。

於是，哈倫騎上一匹快馬，背起行囊，告別了母親，向麥加奔去。

哈倫翻山越嶺，長途跋涉，走了很遠的路。

一天上午，他看見一個和自己年齡相仿的年輕人也在趕路，便飛快地追了上去，問道：「我的朋友，我要去麥加參加朝覲，你呢？」

「哦，這樣啊，我和你一樣，不如我們結伴吧！」青年不冷不熱地說。

哈倫答應了，兩人結伴繼續趕路。

到了中午，他們來到一間客棧，哈倫邀請青年一起吃午飯。飯後，哈倫從包裹裡掏出一顆蘋果，切成一大一小兩塊，放在桌上。

他熱情地對青年說：「朋友，請你吃蘋果。」

「哦，謝謝。」青年拿起一塊大的，毫不客氣地啃起來。

哈倫見狀，心想：「自私的人是不能成為朋友的。」於是，他假裝還有別的事要辦，便與青年分道揚鑣了。

就這樣，哈倫又開始了一個人的旅途。走著走著，他來到一片浩瀚無垠的沙漠，自言自語道：「我最怕孤獨，如果能擁有一位摯友，該是多麼幸福啊！」

正在這個時候，他看見沙漠裡的荊棘叢旁站著一個年輕人，他正在餵自己的馬喝水。哈倫騎著馬，走到年輕人身邊。

年輕人看見他，熱情地問：「朋友，你去哪裡呀？」

「我去麥加參加朝覲，你呢？」哈倫答道。

「我也正要去麥加，我叫迪爾，很高興認識你。」

「我叫哈倫，我們結伴一起走吧！」

一路上，他們有說有笑，十分投緣。

到了晚上，他們來到一家客棧，哈倫請迪爾吃晚飯。飯後，哈倫又從包裹中拿出一顆蘋果，切成一塊大一塊小，並熱情地對迪爾說：「朋友，我請你吃蘋果。」

「謝謝你，哈倫。」迪爾拿起一塊小的，有滋有味地吃起來。

哈倫高興地說：「迪爾，我要與你成為最好的朋友，不分你我，有福同享，有難同當。」

聽了哈倫的話，迪爾非常感動，發誓要和哈倫做一輩子的摯友。此後，他們同吃同住，同進同出，兩個人形影不離，共同向麥加奔去。

一天，兄弟倆經過一座小城，他們又渴又累，決定在王宮旁邊的客棧歇腳。哈倫與迪爾一邊栓馬，一邊聊著天。這時，當地的國王正在王宮的閣樓上觀景，國王看見英俊的哈倫，心想：「要是能把女兒嫁給這個青年該多好啊！」於是，他立刻派人前去邀請兩位青年與他共進晚餐。

國王溫和地問哈倫：「年輕人，你是誰？要去哪裡？」

哈倫彬彬有禮地說：「陛下，我是阿拉伯的王子，正要前去麥加朝覲。這位是我的朋友迪爾。」

「我想把我的女兒許配給你，你能不能不去參加朝覲呢？」國王問哈倫。

「不，陛下，我和迪爾是形影不離的好朋友，約定好必須參加朝覲。」哈倫堅定地說。

國王被哈倫拒絕，心中很不服氣，就想出一個好主意。晚宴上，國王吩咐侍女為哈倫和迪爾端來兩碗湯，迪爾的湯中加了許多迷藥。除了國王，沒有人知道這件事。

第二天一早，哈倫叫迪爾準備上路，可是無論怎麼叫也叫不醒他。慌張之時，國王走進來對哈倫說：「你的朋友也許是水土不服，要休息幾天才能好，你就別去麥加了，在這裡和我女兒成婚吧！」

「不，」哈倫說，「就算是背著他，我們也要去麥加。至於您的女兒，等我回來再娶也不遲。」

說完，哈倫背起迪爾，騎上馬，疾馳而去。

不久，哈倫終於到了聖地，他像抱孩子一樣抱著迪爾，參加了朝覲。朝覲中，迪爾漸漸恢復清醒，他被哈倫的義舉深深感動。

朝覲結束後，哈倫回到國王那裡迎娶公主為妻，履行了自己的諾言。接著，他帶著自己的妻子和朋友，回到阿拉伯拜見母親。王后見兒子收穫了愛情與友情，真是高興極了。沒過多久，公主為哈倫生下了一名可愛的女嬰，令哈倫愛不釋手。

可是就在這時，迪爾突然生了重病。哈倫請來無數神醫，都未見好轉。

一天，一位中國來的神醫對哈倫說：「王子，只有一種藥能救您朋友的病。」

「什麼藥？只要能讓他好起來，要我的命都可以。」王子急切地說。

神醫回答道：「今晚，切開您女兒的血管，把她的血塗在病人身上，就會藥到病除。」

哈倫聽後渾身一抖，他想：「我雖然很愛女兒，但是我曾經發過誓，和我的朋友同生死共患難，所以我一定要救他。」到了晚上，哈倫堅守了自己的諾言，將女兒抱到迪爾面前，割開女兒的血管，把血塗在迪爾全身，迪爾漸漸恢復了意識，很快就痊癒了。哈倫的妻子知道女兒活不到第二天了，傷心地哭了一夜。

第二天一早，中國神醫說：「王子，您的女兒在搖籃裡哭鬧。」話音剛落，神醫便化成一縷白煙，消失得無影無蹤了。

哈倫和妻子急忙跑到搖籃前，驚喜地發現女兒毫髮未損，正躺在搖籃裡要吃奶呢！

從此，哈倫與迪爾愉快地生活在一起，並攜手將國家治理得繁榮昌盛。

小知識：

真正的友情就像蠟燭，努力為對方照亮前路，甚至燃燒自己也心甘情願。

千里尋夫感動天神——萊比卜與瑪蒂哈

卡比拉國的國王有一個女兒，名叫瑪蒂哈。她天生麗質，美貌動人。為了不讓別人冒犯自己最愛的女兒，國王下令將公主關在城堡內，任何人不得擅自進入。

日子就這樣一天天過去，瑪蒂哈已經長成一位美麗的大女孩，她的五官精緻，皮膚光滑細嫩，腰肢婀娜多姿，如同天使降臨到人間一般。她每天都和侍女們生活在城堡中，無憂無慮。

離這裡不遠的坎大哈城裡住著一位出了名的賊，他叫萊比卜。他為人正義勇敢，經常把貪官污吏搶奪百姓的財物偷出來還給大家，人們總讚揚他說：「萊比卜有天神保佑，能上天入地，為民除害。」

一天，萊比卜聽說卡比拉國有一位美若天仙的公主，由於戒備森嚴，前去目睹公主芳容的人們都被擋在了門外。本領超群的萊比卜決定前往王宮，一探究竟。於是，他趁著天黑，馬不停蹄地趕往卡比拉國。

萊比卜到達王宮時已經是半夜，他順著繩子，小心翼翼地爬進了王宮大牆內。萊比卜左顧右盼了一陣，鑽進了花園中一棵茂密的大樹，用枝葉擋住了自己。

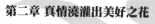

天一亮，侍女們就陪著瑪蒂哈來到了御花園的湖邊，她們有說有笑地講述著自己昨晚的夢。

萊比卜看著瑪蒂哈，不由得心頭一熱，瑪蒂哈紅潤的臉蛋洋溢著甜美的笑容，凹凸有致的身材婀娜多姿，都令他對瑪蒂哈一見鍾情，無法自拔。

過了一段時間，侍女們回到宮中為公主製作甜點，只剩下瑪蒂哈一人。這時，萊比卜從樹上跳下，站在瑪蒂哈面前，深情地說：「一看到妳，我心中的小鹿就不停地亂撞。我已深深愛上了妳，無法自拔。我叫萊比卜，我真的很愛妳，妳願意接受我的愛嗎？」

瑪蒂哈被這個突然出現的男人嚇了一跳，她兩腮泛起了紅暈，靦腆地說：「英俊的萊比卜，我願意。」

這時，侍女們從王宮走出來，萊比卜堅定地對瑪蒂哈說：「等著我，我一定會來娶妳的。」說完，他慌忙地跳上樹，跳到了城牆外。

瑪蒂哈望著萊比卜離去的身影，心中暗暗下定決心，絕對非他不嫁。

城牆外的萊比卜得到了公主的芳心，他又驚又喜，可是轉念一想：「自己家境窘迫，如何娶公主為妻？不如我先到鄰國去偷些珠寶，回來再迎娶瑪蒂哈。」想著想著，萊比卜騎上馬，向鄰國——沙赫巴國奔去。

到了夜裡，萊比卜逃過了侍衛們的監視，向沙赫巴王宮奔去。他鑽進了王宮的國庫，本想偷完這一次就金盆洗手。誰知，萊比卜這次失了手，被侍衛們逮個正著。他被沙赫巴國王判了三年徒刑，之後再做定奪。

萊比卜在大牢中認識了一位僧人，他因不食宰相賞賜的酒肉而被關入大牢，再過幾天就能出獄了。萊比卜將自己與瑪蒂哈公主的事情告訴了僧人，並請求僧人出獄後向公主報告自己的處境。

自從萊比卜走後，瑪蒂哈整天茶不思飯不想，靜靜地坐在御花園中，等著心上人來接她。就這樣過了兩年，瑪蒂哈日漸消瘦，侍女們知道了公主的心思，十分擔心她。

一天，侍女陪公主在御花園中休息，突然有人敲打宮門。侍女跑去打開一看，是一位窮苦的僧人，僧人將萊比卜的處境告訴了侍女，侍女趕忙跑去通知了公主。瑪蒂哈聽後大驚失色，她決定為了自己的愛人鋌而走險。

深夜，瑪蒂哈學著萊比卜當年的樣子，爬上了大樹，然後順利地跳到了城牆上。接著，瑪蒂哈藉助於繩索跳下城牆，向沙赫巴國跑去。

一路上，她不敢懈怠，終於趕到了沙赫巴城。守門侍衛看見了美豔無雙的瑪蒂哈，便將她捉起來獻給國王。國王見了瑪蒂哈十分高興，決定把她留在身邊。

就在這時，監獄長走上大殿，對國王說：「陛下，有一位偷到國寶的犯人叫萊比卜，他的刑期已滿，您說是放還是殺？」

「把他扔到河裡餵鱷魚吧！」國王生氣地說。

站在國王身旁的瑪蒂哈聽了非常焦急，她雙手合十，默默祈禱著：「萬能的主啊，請保佑我的心上人吧！」

過了一個時辰，監獄長慌忙地跑回大殿，他對國王說：「陛下，我們剛要把萊比卜扔進河裡，河水立刻乾涸了。」

國王聽後更加氣憤，他罵道：「把那個混蛋扔進大象館，踩死他！」

「萬能的主啊，請保佑我的心上人吧！」瑪蒂哈再次默默禱告。

又過了一個時辰，監獄長跑回大殿喊道：「陛下，我們剛要把萊比卜扔進大象館，所有的大象立刻倒斃了。」

「什麼！？」國王對此大為不解，他說：「把犯人帶上來！」

萊比卜被帶到大殿上，這時，瑪蒂哈趕忙跪下，她說道：「陛下，剛才是我的祈禱起了作用，萊比卜盜寶都是為了我。」

隨後，瑪蒂哈把她與萊比卜的故事告訴了國王，國王被他們偉大的愛情深深打動。隨後嘆了口氣說：「我送你們一些金銀珠寶，希望你們幸福的過日子。」

就這樣，萊比卜與瑪蒂哈謝過了國王，帶著金銀珠寶，踏上了愛的旅途。

小知識：

真愛並不是他人眼中的完美匹配，而是相愛的兩個人彼此心靈的契合；他們可以不計回報地為對方默默奉獻，也能勇敢地為對方承擔一切傷害。

讓你愛上我的心——
醜女萊米絲

沙棃城住著一位德高望重的律師，他為人正派，光明磊落，經常幫助城中百姓打官司、寫狀詞，扶危濟困、懲惡揚善，大家都很擁戴他。他有一個獨生女兒，名叫萊米絲。萊米絲長得不美，她並不白嫩的臉上長了許多雀斑，大大的額頭油光發亮，眼睛小得像兩條線，鼻梁癟塌，嘟著厚厚的嘴唇。儘管她像父親一樣擁有著善良的心腸，但因為長相醜陋，城中許多人都對她敬而遠之。

隨著時光的推移，萊米絲漸漸長大，已經到了婚嫁的年齡。律師知道自己的女兒並不好看，便找來自己曾經幫助過的人們，希望他們中能有人願意讓自己的孩子娶走萊米絲。可是，大家寧願讓自己的孩子認律師為父，也不願意與萊米絲結婚，律師感到非常無奈。

一天，律師在家看書時，聽到有人敲門，便走到院子裡。他開門一看，眼前是一位年輕的盲人，他恭敬地說：「請問律師在家嗎？」

「你好，我就是。」律師說著，將盲人領到家中，並問道：「您找我有什麼事嗎？」

「是這樣的，」盲人說道，「我的父親去世了，他留下了一份遺囑，遺囑上說把房子和一筆錢留給我。可是我的後母十分蠻橫，她搶了我的錢，我想請您幫我將她告上法庭，為我討回公道。」

律師聽後，說道：「我可以幫你這個忙，但你願意幫我一個忙嗎？」

「如果您幫我打贏了官司，您要我做什麼都可以。」盲人答道。

「我的女兒剛滿十八歲，我希望你能娶她為妻。」

「求之不得，我感到十分榮幸。」

就這樣，律師成功地幫助盲人打贏了官司，盲青年也履行了承諾，娶了萊米絲為妻。

洞房花燭夜，盲人溫柔地對萊米絲說：「雖然我看不見妳，但我的觸覺非常靈敏，我想摸摸妳的臉，猜猜妳的模樣。」

萊米絲聽後，害羞地湊了過去。盲人伸出雙手，在萊米絲的臉上撫摸。過了不久，盲人放下了雙手，嘆了口氣，對萊米絲說：「妳伺候我睡覺吧！」

萊米絲知道自己的長相令丈夫很失望，她一邊伺候丈夫睡覺，一邊默默流下了眼淚。

從那時起，他們就開始了婚後的生活。萊米絲勤勞能幹，不僅把丈夫家中的事務打理得井井有條，還經常回到律師家，幫助父親操持家務。她每天都為丈夫做出美味的飯菜，並伺候他洗澡。盲人被萊米絲的舉動深深打動，他慢慢接受了自己的醜妻子。每當吃到可口的飯菜、洗上溫暖的熱水澡，他都感到非常幸福。

一天，萊米絲回到父親家中幫忙，聽到父親與一位客人的談話。這位客人是真主化身而成的，他對萊米絲的父親說：「我是一名醫生，聽說您的女婿是個盲人，我想醫治好他的病。」

「不，不，……千萬別治！就讓他瞎著吧！」律師趕忙說道。

真主聽後，裝作不解地問道：「為什麼？」

「我的女兒相貌醜陋，我好不容易把她嫁了出去。如果女婿看見了她的長相，一定會和她離婚的。」

聽到這裡，萊米絲淚如雨下，她傷心地跑回家，看著鏡子中的自己，自言自語道：「難道我要靠掩飾過一輩子嗎？難道外表真的比心靈還重要嗎？我不想騙我的丈夫。」想到此，萊米絲擦乾了眼淚，她決定去求醫生為丈夫治好眼睛，並發誓如果丈夫看到她的樣子想離婚，她絕不後悔。

於是，萊米絲找到了真主化身而成的醫生，向他提出了請求。真主對萊米絲說：「可憐的孩子，如果妳的丈夫真的要和妳離婚，妳會怪我嗎？」

「不，您放心吧！我不會怪任何人的。我想真誠地對待我的丈夫，不想靠欺騙遮遮掩掩過一輩子。」萊米絲堅定地說。

當晚，真主帶著藥箱來到萊米絲的家。他成功地為盲人做了手術，萊米絲為真主準備了豐盛的晚餐。

飯後，她交給真主一袋錢，說道：「非常感謝您。」

「妳的父親總是做善事，這也是他應得的福分，妳丈夫三天後就能復明。」說完，真主消失不見了。

三天後，萊米絲出門買菜時，她的丈夫揭開了眼前的紗布，慢慢睜開了雙眼。他左顧右盼了一陣，大聲喊道：「哇！我能看見了，感謝真主！」

這時，萊米絲推門而入，丈夫看見眼前這個其貌不揚的醜女人，先是一驚，然後他想起萊米絲對自己的百般照顧，還央求醫生治好了自己的眼睛。於是，他跑上前去，一把抱住了萊米絲，溫柔地說：「我愛妳。」

不久後，萊米絲為丈夫生下了一名男嬰，孩子長了一雙水靈靈的大眼睛，相貌十分英俊。

小知識：

無論多麼華麗的外表，終將有一天會枯萎老去；只有心靈開出的美麗之花，才會永不凋零。

第三章

受用一生的智慧箴言

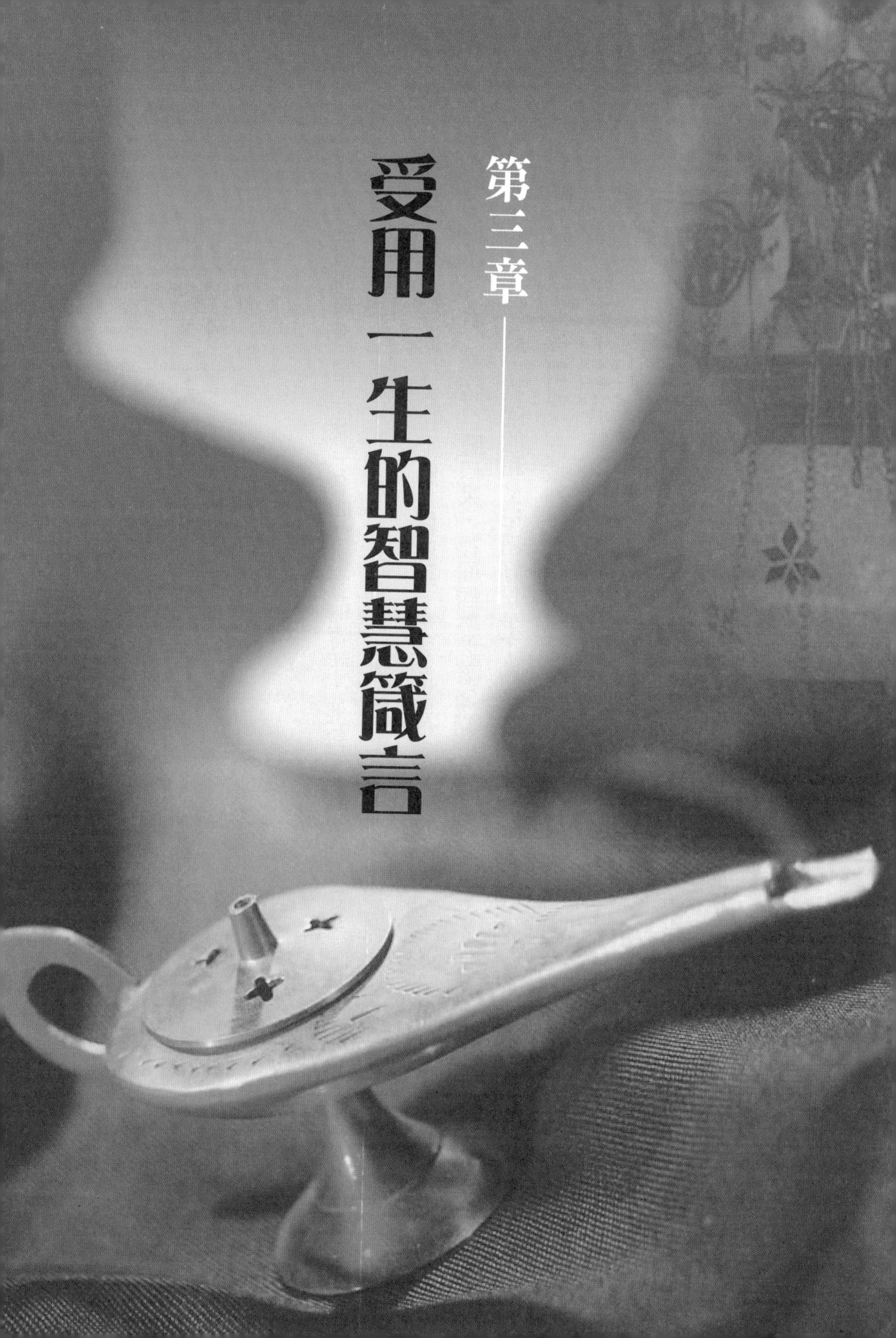

詐欺遭報應——

正義女神的警示

阿拉伯的海濱城市住著一名叫斯拉吉的青年，他每天靠打魚為生。

一天，斯拉吉照常出海打魚。他把漁船划到海中央，用力撒下漁網。過了一會兒，他便起身收網。漁網被斯拉吉拉上船，網中除了零零散散的海魚，還有一個破舊的麻布袋。斯拉吉撿起袋子打開一看，頓時目瞪口呆，裡面居然裝著滿滿的金幣。斯拉吉數了數，足足有八十枚

「有了這些錢，我就能和父母過好日子了。感謝真主！」斯拉吉興奮地想著。他把船靠在岸邊，將錢袋揣進懷裡，向城裡走去。

斯拉吉在市集上遊蕩著，他經常走一會兒就伸手摸摸錢袋，擔心錢袋破了，金幣掉出去。市集上的人很多，斯拉吉越走越不放心。他鑽進一條小胡同裡，蹲在地上掏出錢袋，一個一個地數起金幣來。整個場景被一位婦女看在眼裡，她見錢眼開，決定對斯拉吉敲詐一筆。

斯拉吉把數好的金幣揣進衣袋裡走出胡同，突然眼前出現一個婦女。婦女揪住斯拉吉的衣服大叫：「你這個沒良心的，丟下我和孩子不管，還把家裡的錢全都拿走了，我們要怎麼活呀！」

行人紛紛趕來看熱鬧，斯拉吉慌亂地大喊：「妳認錯人了，我不是妳丈夫！」

大家你一言我一語，誰也搞不清是怎麼回事，就把他們送到官府。

法官聽完婦女的哭訴，問：「妳有什麼證據說他是妳丈夫？」

婦女答道：「大人，我和他的孩子可以作證。」

婦女早就跟自己的孩子交代好了，孩子見到斯拉吉，便大聲哭鬧著喊：「爸爸！」

斯拉吉一頭霧水，呆若木雞。

於是，法官把斯拉吉的八十枚金幣判給了這名婦女。

碰到如此不幸的遭遇，斯拉吉簡直快要瘋了，他魂不守舍地靠在一棵樹旁，雙眼迷離。

這時，一位身穿白色長裙的女人走到斯拉吉面前，關切地問：「年輕人，我叫阿里婭，你需要幫助嗎？」

斯拉吉哭喪著臉，將自己被詐欺的事告訴了她。阿里婭想了片刻，便將索回金幣的妙計告訴了斯拉吉。斯拉吉聽後，重新

打起精神，朝官府走去。

斯拉吉對法官說：「大人，我決定去旅行，請法官准許我帶走孩子。」

法官派人叫來婦女，命令她將孩子交給「孩子的父親」。婦女聽後心急如焚，滿口拒絕。但是法官依舊命令她將孩子交給斯拉吉，婦女看著自己的骨肉哭喊著要媽媽，知道這是詐欺矇騙的報應，就請求用八十個金幣換回孩子。

就這樣，斯拉吉又拿回了自己的錢袋，他暗自感謝那個阿里婭的幫助。

為了防止再被壞人騙走，斯拉吉把錢袋送到市集上的寄存處。

老闆滿口應允說：「你放心，我一定替你保管好。」

斯拉吉放心地走了，等逛完市集才回到寄存處取錢。誰知老闆卻口氣冷淡地說：「什麼錢？我不記得有這回事。」

斯拉吉向老闆形容了錢袋的模樣和顏色，可是老闆卻一個勁地搖頭：「我根本不記得。」

斯拉吉知道這錢又被老闆騙走了，他回到先前的樹旁，痛哭流涕。

沒多久，那個穿白色長裙的女人又出現在他身旁，說：「你好，我是阿里婭，你怎麼了嗎？」

斯拉吉一見是曾經救過自己的阿里婭，就把寄存處老闆的騙局告訴了她。

阿里婭低聲對斯拉吉說了幾句話後，便向寄存處走去。

見到老闆，阿里婭從口袋裡掏出一顆碩大渾圓的珍珠，說：「老闆，這顆珍珠是無價之寶，我怕被壞人騙走，想在您這裡存放，等我丈夫來了就取走。」

老闆看著珍珠兩眼發直，他說：「妳放心，我一定好好保管。」

阿里婭向遠處的斯拉吉做了個手勢，斯拉吉慢慢走到寄存處對老闆說：「老闆，您想起我的錢袋了嗎？」

老闆心想：「等婦人走後，這無價之寶就歸我了，誰還在乎一個錢袋。」於是，老闆轉身取來斯拉吉的錢袋交給他。

斯拉吉接過錢袋後離開櫃檯。這時，阿里婭指著遠處的一個人，興高采烈地對老闆說：「我的丈夫回來了！」說完，阿里婭拿起珍珠，轉身而去。

老闆呆呆地站在原地，他既為失去錢袋而惋惜，又為沒得到無價之寶而遺憾。

斯拉吉用錢袋裡的金幣，照著阿里婭的模樣，請人在市集裡造了一座雕像，命名「正義女神」，用來警示那些善於詐欺矇騙的小人。

小知識：

欺騙是一切罪惡的根源，如果你欺騙了今天，明天就會來懲罰你。

智慧是最寶貴的財富——

見義勇為的阿卜努爾

阿卜努爾出生在古老的巴格達城，幼年時就失去雙親，鄰居們看他可憐，就經常救濟他。東家一碗飯，西家一碗麵，阿卜努爾每天到不同的鄰居家吃飯。每當他走在街上，總會有同年齡的孩子說：「大家快看，那個吃遍百家飯的可憐蟲來了！」

就這樣，阿卜努爾在羞辱聲中慢慢長大成人，他暗自立誓：「一定要讓全城的百姓都尊敬我。」

可是，他感到自己非常無助和茫然，便向真主祈求道：「我親愛的真主，人們都看不起我，您能否幫助我？」

真主聽到阿卜努爾的祈求，對他說道：「不久之後，你就會擁有常人無法企及的智慧。」

於是，在真主的庇佑下，阿卜努爾成為了智者。

有一天，阿卜努爾在街上走著，看見兩個人在吵架。賣羊肉串的商販揪著一個窮人的衣領，說：「你吃了我的羊肉串為什麼不給錢？走，跟我去見國王！」

窮人哭喊著：「昨天我只是路過你的攤位，聞了聞羊肉串的香氣，回家自己嘗試著做，我並沒有吃你的羊肉啊！」

阿卜努爾明白了事情的來龍去脈，立即跑上前去，掏出幾枚銀幣對商人說：「放開他，這錢我替他賠你。」

商人見錢眼開，立刻鬆手放開窮人，伸到阿卜努爾手裡拿錢。

「慢著！」阿卜努爾說著，便把銀幣扔到地上，銀幣散落在地上發出叮叮噹噹的響聲。阿卜努爾接著說：「這些錢你聽到了吧？你把這些響聲拿去吧！窮人吃的不是肉，而是香氣。」

商人氣得無言以對，臉憋得通紅。百姓們連聲叫好，拍手稱快。

沒過幾天，阿卜努爾智鬥商人的事情就傳遍了巴格達城，城中的達官顯貴們很厭惡阿卜努爾這種劫富濟貧的行為，於是請求面見國王。

國王接見了他們，這些人紛紛向國王哭訴起來，有一個肥肥胖胖的地主說：「尊敬的陛下，您的城中有一個叫阿卜努爾的混蛋，他帶領窮人們造反，拒絕耕種土地。」

另外一個貴婦人說：「國王，阿卜努爾在百姓面前詆毀您的形象。」

國王聽了這些讒言，非常氣憤難平。

這時，一個身材瘦高的紳士說：「國王請息怒，我有個好主意，可以挫挫那個野小子的銳氣。」

他對國王擠眉弄眼地耳語了一番，國王聽後點頭表示同意。

於是，國王召阿卜努爾進宮，說：「我要你三天之內在天空中造一座房子，如果無法完成，就處決你。」阿卜努爾只好領命。

回到家後，阿卜努爾苦思冥想，終於計從心來。

他找來漿糊和紙，親手糊了一只風箏，並在長長的風箏線上栓起一串銅鈴。

阿卜努爾把風箏放飛到空中，並將風箏線栓在國王城堡外的樹上。

第二天一早，百姓們都聽見了清脆明亮的銅鈴聲，人們紛紛抬頭望天，看到高空中有一個黑點，大家猜來猜去，百思不得其解。

這時，阿卜努爾來到王宮，對國王說：「尊敬的國王，您要的房子很快就建好了，您打開窗子看一看吧！」

國王深感好奇，趕快打開窗子。

這時，風箏線帶動的銅鈴傳出清脆的聲音。阿卜努爾指著天空中的黑點說：「您聽見叮噹噹的響聲了嗎？那是工人們在做屋頂呢！現在木板不夠用了，需要您派人送上去。」

國王疑惑不解：「木板如何送到天上去？」

阿卜努爾指著城堡外的樹林說：「您別擔心，那邊有路。」

國王吩咐了侍從找來木板，跟隨阿卜努爾來到樹林。阿卜努爾指著栓在樹上的風箏線說：

「這是通往房子的路，你們把木板送上去吧！」

侍從們嘲笑他說：「這怎麼可能上去？我們不去！」

阿卜努爾說：「你們膽敢違抗國王的旨意嗎？不怕被砍頭嗎？」

侍從們萬般無奈，只好硬著頭皮往風箏線上爬，最後紛紛摔落在地上。屢試屢敗的侍從們回宮稟告國王：「陛下，我們實在沒辦法順著繩子走到天上去。」

國王大怒說：「笨蛋，這世界上根本就沒人能從繩子走到天上去！」

這時，阿卜努爾微笑著說：「尊敬的國王，如果您知道這一點，那為什麼要我在天上造房子呢？」

國王啞口無言，只好赦免了阿卜努爾。

阿卜努爾將達官顯貴們欺壓百姓的醜陋罪行向國王一一稟報，國王派宰相去民間調查，發現和阿卜努爾所言相同，於是下令懲罰了這些惡人，並和阿卜努爾成了無話不談的好朋友。

小知識：

正義是一劑良藥，只有智慧這味藥引，才能將它發揮到極致，產生最好的效果。

花言巧語不可信——

蠢漢與毛驢

阿拉伯的小鎮上住著一戶人家，丈夫不學無術，非常愚癡。他經常被朋友們玩弄和欺騙，街上的人們見了他，都嘲笑著叫他「蠢漢」，他的妻子也只好跟著蒙羞。

一天，妻子對蠢漢說：「今天我實在忙不過來了，你替我牽著毛驢去放牧吧！」

「好的。」蠢漢答應妻子後，便牽著毛驢出城了。

他把毛驢放到城外的小山上吃草，自己呆呆地望著遠方。這時，兩個騙子從這裡經過，他們上下打量著蠢漢，一個說：「你看他愣頭愣腦的，居然還來放牧，把他的驢偷走他都不知道。」

「他畢竟是個魁梧的漢子，怎麼可能讓你輕易偷走他的驢呢？」另一個騙子表示不信。

「你要是不信，我們就打賭。」於是，兩個騙子擊掌打賭。其中一個騙子悄悄溜到毛驢身旁，卸下毛驢的籠頭，套在自己的頭上，並吩咐另一個騙子將毛驢牽走。

直到毛驢跑得無影無蹤了，蠢漢才發完呆。他轉過身，準備牽著毛驢回家，卻發現無論怎麼扯韁繩，毛驢都不走。

蠢漢定睛一看，嚇得坐在了地上。眼前有一個大活人正套著毛驢的籠頭，對著他呲牙咧嘴地笑呢！

騙子不慌不忙地說：「主人，你別怕，我是你的毛驢。」

蠢漢迷茫地看著騙子，不知如何是好。騙子趕忙把蠢漢扶起來，說道：「您不認識我了嗎？」

「你怎麼變成人了？」蠢漢支支吾吾地問。

「是這樣的，」騙子花言巧語道，「好多年前，我與朋友聚會，喝了很多很多酒，回到家後，連自己的媽媽都不認識了。媽媽十分生氣，她請求真主懲罰我，於是我被變成一頭蠢驢。剛才我在吃草，真主出現在我眼前，他對我說：『你的媽媽已經原諒你了，所以你可以變回原形了。』就這樣，我才變回了原樣。」

聽了騙子的謊話，蠢漢信以為真，趕忙向騙子連連道歉，他說：「真是對不起您，讓您為我家做了這麼多年的苦工，真是太辛苦了。您快回家去吧！我會回去向我的妻子說明，我也替她向您賠不是了。」

騙子聽了蠢漢的話，捂著嘴強忍著笑聲，向遠方跑去。

妻子見蠢漢空著手回到家，便好奇地問：「毛驢呢？」

「什麼毛驢？那是一個小伙子。」蠢漢把今天在山上發生的一切告訴了妻子，他說得有聲有色，妻子聽後也信以為真了。

夫妻倆趕忙跪在地上膜拜起來，妻子一邊拜一邊說著：「真主啊，一定是我的丈夫做了什麼蠢事，您才讓我們承受這種不幸，今後我們一定好好做人。」

蠢漢也學著妻子的樣子，唸唸有詞道：「萬能的真主啊，我一定好好懺悔，不再犯傻，努力做個聰明的人。」

從此，蠢漢和妻子在家中一心一意地懺悔禱告，他們不再忙碌家務，田裡的莊稼眼看就要荒蕪了。家裡沒有進光有出，像個漏斗一樣，就算上面盛得再多，如果不即時彌補，也遲早是要漏光。於是沒過多久，他們家中的錢就花完了，兩個人就連吃飯都成了問題。

萬般無奈之下，妻子到鄰居家借來一點錢，她交給蠢漢，並說道：「我們這麼下去可不行，整天餓著肚子，根本沒辦法全神貫注地膜拜真主。我們還是一邊務農一邊禱告吧！你現在拿著錢，到市集上去買一頭毛驢回來。」

蠢漢拿著錢，悠閒地來到市集。他走到一個賣毛驢的地方，賣驢的人正是那天偷走蠢漢毛驢的另一個騙子。他看見蠢漢站在眼前，嚇得渾身發抖，生怕被他認出後暴打一頓。

這時，蠢漢問道：「賣驢的，你有幾頭毛驢？能讓我挑挑嗎？」

「沒……沒有，就只有這一頭……」騙子哆哆嗦嗦地說。

蠢漢走到毛驢身邊定睛一看，「這不是我家原來的那頭毛驢嗎？」蠢漢驚叫道。

騙子見蠢漢認出了毛驢，嚇得雙手抱住了頭，他以為蠢漢識破了他們的詭計，這頓打是挨定了。誰知，蠢漢指著毛驢說：「你又喝醉了，惹你媽媽生氣了，所以真主再次顯靈了。」

蠢漢一邊說，一邊跑回家中。

騙子看著蠢漢離去的背影，笑得合不攏嘴。

小知識：

騙子的臉上永遠堆滿虛偽的笑容，他用花言巧語編織出的那些看似合理的語言。當你經過大腦反覆推敲後，才發現這些謊言漏洞百出，根本經不住推敲。

勝利屬於勇敢者——
有勇有謀的努埃曼

遙遠的杜爾王國住著一個叫努埃曼的人，他個子矮小，其貌不揚。但他頭腦聰明、目光遠大，同時還具有一種神奇的能力——召喚死神。

一天，努埃曼和一位朋友坐著聊天。聊著聊著，努埃曼感到後背一陣刺痛。為了表示對朋友的尊重，他忍著巨痛一動不動，端坐著聽朋友談天說地。直到朋友的話講完了，努埃曼才脫下衣服，發現一隻毒蠍子在他的後背上，毒液已經全部注入努埃曼體內。他趕忙把蠍子打落在地，狠狠踩死，之後把蠍子拿到火上燒烤，接著將烤焦的蠍子碾成粉末，灑在後背的傷口上。

朋友見了，為努埃曼驚人的毅力和對朋友的尊重感到敬佩，他逢人便誇獎努埃曼。就這樣，努埃曼的離奇經歷在杜爾王國傳開，不久就傳到了國王的耳裡。國王對這件事表示懷疑，他決定親自見見努埃曼，並考驗考驗他。

努埃曼來到王宮，國王一見他長相醜陋、身材矮小，便帶著鄙視的口吻說：「城中百姓都在議論你的經歷，但我很難相信那是真的。我想考驗考驗你，如果你通過了，我就相信你。如果你失敗了，那我就要懲罰你。」

努埃曼覺得能為國效力非常光榮，他回答說：「我願意為杜爾王國效勞。」

國王對努埃曼說：「離杜爾王國不遠的地方有一個哈撒王國，那裡的國王是我的對手，他勢力強大、凶猛殘暴。如果你能把他抓來，死的活的都行，我就重重地獎賞你。」

「遵命！」努埃曼答道。

國王吩咐侍從準備路上必需的物品，收拾完畢後，努埃曼出發了。

努埃曼走啊走，終於來到了哈撒王國。他在離王宮不遠的地方租了間房子住下，並四處打探消息，思考接近國王的辦法。

努埃曼從百姓們口中得知，這位國王喜愛吃喝、貪圖享樂。於是，努埃曼找來一個夥計，開了一家飯館。他親自掌廚，把杜爾王國獨有的美味飯菜烹調出來。

人們吃到了具有異域特色的風味菜餚，都豎起大拇指稱讚努埃曼的廚藝。很快地，努埃曼和他的飯館就出了名。哈撒國國王聽說後，把努埃曼召進王宮，對他說：「小個子，我想讓你做我的私人御廚。」努埃曼欣然同意。

就這樣，努埃曼留在了國王身邊。他每天都為國王的餐桌變化不同的花樣，國王越來越喜歡他。不管到哪裡都要帶著他。努埃曼漸漸熟悉了國王的飲食起居生活規律，對宮中的一切也瞭若指掌。

一天，努埃曼偷偷跑出宮，找到了長著黑色翅膀的死神，求他幫助。到了傍晚，國王對努埃曼說：「今晚我想一個人在寢宮待一會兒，你幫我準備點酒菜吧！」

努埃曼心想：「機會終於來了。」他立刻召喚出死神，按照原計畫行事。

正在休息的國王突然聽見腳步聲，回頭一看，發現一個青面獠牙、全身黑羽的魔鬼出現在眼前。

他驚慌失措地說：「你是誰？」

「我是死神，前來取你的靈魂。」

國王嚇得四肢癱軟，一屁股坐在地上，哆哆嗦嗦地說：「求求你，我還不想死。」

死神停頓了一下，說道：「好吧，真主憐憫你，他讓我帶著你的肉體一起上天，再做判決。只要你乖乖聽話鑽進箱子，到了天上，我會替你向真主求情，讓你多活幾年。」

國王果然連滾帶爬地鑽進了箱子，非常聽話。

就這樣，努埃曼謝過死神，扛起箱子，躲過了所有僕從，逃出王宮。他買下一匹快馬，朝著杜爾王國揚長而去。

見到了杜爾王國的國王，努埃曼行禮後說道：「尊敬的陛下，我把您的對手帶來了，是活的。」

國王驚訝不已，回答道：「我不信，他在哪裡？」

努埃曼從馬背上卸下箱子，扛進王宮。國王打開箱子一看，果然是哈撒國國王。這時的他戰戰兢兢，失魂落魄地蜷縮成了一團。

杜爾國王把哈撒國王從箱子裡扶出來，並設宴款待了他。宴席上，杜爾國王說：「我只想跟你開個玩笑，沒想到讓你受驚了，我向你道歉。你在這裡住些日子做客，我安排好車馬就送你回國。」

哈撒國王漸漸消除了恐懼，住了幾日後便回國了。臨走前，他代表哈撒王國，與杜爾王國簽訂了友好合約。可是，他剛一踏上國土，就發現國家一片混亂。大臣們見自己的君主到敵國享樂，都以為國王變成了賣國賊，於是讓其中一位大臣即位稱王，並把哈撒國王抓進大牢。

杜爾國王並沒有忘記努埃曼，他昭告天下，封努埃曼為當朝宰相。

小知識：

一個人的膽子大，才能有作為；畏怯的人，懦弱的人，他雖然沒有身臨其境的危險，但只要一聽到人家的恐嚇言語，早已嚇得不知所措，試問這樣的人可能有什麼建樹呢？

不聽勸告惹災禍——

一意孤行的麥卜杜哈

王子麥卜杜哈非常熱愛大海，他很嚮往乘風破浪的探險感覺。一天，他帶著幾位水手偷偷登上了父親的大船，揚帆起航，向大海駛去。大船緩緩離開港口，來到海中央。突然，平靜的海面變得洶湧起來，十公尺高的巨浪接二連三地朝大船襲來，重重地拍打在船上。水手們為了保護王子，一個個被巨浪捲走。麥卜杜哈驚慌得不知所措，他努力爬上桅杆，試圖調整風向逃離巨浪區。這時，一個大浪從海底湧出，直接將大船掀翻，把王子狠狠地摔進海裡。麥卜杜哈拼命的向岸邊游，他游了整整一天一夜，終於到了淺灘。

麥卜杜哈狼狽地爬上沙灘，四周張望。他看見不遠處有一座城堡，便快步走過去。他在城堡門口呼喊道：「有沒有人啊？」

話音剛落，城堡中走出十個青年，他們穿著華麗，卻都瞎了左眼，麥卜杜哈感到非常奇怪。一個青年向王子行了禮，聽他訴說了遇難的經過後，將麥卜杜哈請到宮殿裡。

宮殿中端坐著一位老人，他也瞎了左眼。他看到麥卜杜哈，說：「小伙子你好，不要問我們是幹什麼的，為什麼瞎了左眼，儘管填飽肚子吧！」

麥卜杜哈見此狀況，百思不得其解，非要問出個究竟。青年們卻說：「如果你知道了原因，也會瞎掉一隻眼的。」麥卜杜哈想了想，依然不聽忠告，執意要問。

老人終於開口，他無奈地說：「那我就告訴你吧！你在這裡等一下，禿鷹會將你帶走，等牠落下，你就會和我們經歷一樣的遭遇。」

於是，麥卜杜哈照做了。果然，一隻巨大的禿鷹將他帶走了，等到禿鷹落下，麥卜杜哈起身一看，發現自己在一座宮殿的閣樓裡。

麥卜杜哈順著閣樓向下走，走著走著，來到了宮殿的大廳。他看見四十位婀娜多姿的美女向他走來，美女們說：「王子您好，我們等您很久了。從今天起，我們就是您的女人，和您生活在一起。」麥卜杜哈被美女們圍繞著，鎮日吃、喝、玩、樂，開心得忘乎所以。

直到有一天，四十個女人哭著對麥卜杜哈說：「王子，我們要離開這裡四十天，希望您能聽我們的話，不然我們就再也無法相見了。」

麥卜杜哈被這突如其來的場面驚呆了，他說：「只要能再見到妳們，我什麼都願意。」

四十位美女說：「這裡有四十把鑰匙，能打開閣樓上的四十扇門。如果你寂寞難耐，就請打開其中一扇門。但是千

萬不要打開那扇金色的銅門，否則就永遠見不到我們了。」

「我發誓絕不碰那扇銅門。」麥卜杜哈信誓旦旦地說。

四十位美女走後，麥卜杜哈百無聊賴。他被好奇心牽引著，打開了第一扇門，門裡面是一片果園，迷人的果香讓他感到很愉快。他把門鎖上，打開了第二扇門。門裡面有許多的櫃子，櫃子上陳列著各式各樣的稀世珍寶，金光燦燦。麥卜杜哈目不暇給，快樂無比。他關上門，來到第三扇門前。就這樣，三十九天過去了。除了那扇金色的銅門，其餘的門都被麥卜杜哈打開過了。只需要再等上一天，美女們就會回來了。可是，麥卜杜哈根本沒有把四十位美女的忠告放在心裡，他掏出了鑰匙，打開了那扇銅門。

門裡面一片漆黑，飄出陣陣的迷人香水味。麥卜杜哈把腦袋探進門裡，突然他眼前一亮，一個銅鑄的射手出現在他的正前方，銅射手騎著烈馬，手中舉著弓箭。麥卜杜哈定睛一看，閃亮的箭頭正指著自己。他剛想關門逃跑，銅射手就放了箭，離弦的銅箭穿過麥卜杜哈的左眼後，便消失無蹤了。

麥卜杜哈捂著左眼，跑下閣樓。當他跑到宮殿大廳時，他看見了那十個瞎了左眼的青年。青年們幫麥卜杜哈包紮好眼睛後，他成了第十一個獨眼青年，為不聽勸告付出了慘痛的代價。

小知識：

不要輕視失敗者的勸告，因為他已經親自嚐到了苦果。

莫信小人讒言——漁夫穆尼爾

阿拉伯的島國巴林裡有這麼一名漁夫，他叫穆尼爾。每次出海打魚，他只要看一下海水，就能知道哪裡有魚。所以，穆尼爾從來沒有空手而歸過，人們都十分敬佩他的聰明才智。

一天清晨，穆尼爾照常登上木船，朝海中駛去。他在海中央停下船，仔細打量著海水，纏綿的波浪一個接一個，與船底碰撞出奇異的波紋。穆尼爾見狀，趕忙撒下了漁網。很快地，漁網越來越重，穆尼爾立刻收起漁網，發現網中有一條前所未見的大魚在掙扎著，他十分驚喜，決定將這條大魚獻給國王。

穆尼爾來到王宮，對守門侍衛說：「我要見國王，因為我有件稀世珍寶要送給他。」

聽到侍衛的稟報，國王非常驚奇，他命令侍衛將穆尼爾帶上大殿來。

穆尼爾來到大殿，規規矩矩地向國王行了禮，然後恭敬地說：「尊敬的陛下，今天我出海打魚，撈到一條聞所未聞、見所未見過的大魚，我想將這件寶貝獻給您。」

說著，穆尼爾把大魚舉到國王面前。國王看著金紅色的大魚，感嘆道：「這真是一條寶魚啊！」

於是，國王吩咐侍從將大魚養在王宮中。並對穆尼爾說：「年輕人，你撈到寶貝不忘獻給我，我十分感動，就獎賞你一千枚金幣吧！」

「謝陛下恩典。」穆尼爾接過錢，向陛下告辭，返回了漁村。

當晚，國王到後宮請王后來參觀寶魚，王后悶悶不樂地說：「陛下出手闊綽，就知道亂花錢。」

「親愛的，我怎麼亂花錢了？」國王哄著王后。王后刻薄地說：「我聽說您今天花了一千金幣買了一條魚，這簡直不可理喻。如果明天那漁民又帶來一條魚，說是難得一見的寶貝，您是不是還會花一千金幣買下來呀？」國王笑著說：「那真不是一條普通的魚呀！我保證妳沒見過。再說，我看那漁民不像是壞人，他撈到寶貝立即就想到我，應該是個良民。」

「哎！」王后嬌蠻地說，「陛下如今連我的話都不聽了嗎？」國王趕忙抱著王后，溫柔地說：「親愛的，妳說吧！我聽妳的。」

「明天您把那個漁夫叫來，問問他那條寶魚是雌還是雄。如果他說是雌的，您就要說是雄的；如果他說是雄的，您就要說是雌的，好好刁難一下他。」王后說完，國王雖然不情願，但為了不讓王后生氣，只好點頭應允了。

第二天一早，國王便派侍衛將穆尼爾請到宮中來。穆尼爾見王后也坐在國王身邊，並恭敬地向他們行了禮，然後問道：「國王找我來，請問有什麼事嗎？」

「你告訴我，昨天你獻給我的寶魚是雌是雄啊？」國王說道。穆尼爾低頭思考了一會兒，然後微笑著說道：「回稟陛下，那寶魚是雙性的。」國王連連讚嘆穆尼爾的聰明才智，並又賞賜了一百金幣。穆尼爾接過金幣，不小心弄掉了一枚，他趕忙彎腰撿了起來。這時，王后看見了，她悄悄對國王說：「陛下，你看這個漁夫多麼小氣，連一枚金幣都不肯放過。」

「穆尼爾，」國王說，「我已經給了你那麼多金幣，為什麼掉在地上一枚都不肯捨棄？」

「尊敬的陛下，這金幣上印有您的頭像啊！扔在地上不管的話，如果被人踢了踩了，豈不是有損您的尊嚴嗎？」穆尼爾機智地答道。

國王十分佩服穆尼爾的見識，他吩咐道：「來人，給他一個裝錢的袋子，並再賞一百金幣。」這時，王后氣憤地對國王說：「陛下，你怎麼不聽我的話，竟然三番五次地給一個窮漁夫這麼多錢？」

「夠了！就是因為聽信了妳的讒言，我才一次又一次地誤會忠良。妳這個勢利小人，快給我滾出去！」國王衝著王后怒罵道。王后顏面盡失，捂著臉跑回了後宮。從此，漁夫穆尼爾與國王成了無話不說的好朋友，他經常向國王提出利國利民的良好建議，國王封他為民生大臣，為國民百姓盡忠效力。

小知識：

對付勢利小人的最好辦法，就是鍛鍊自己的心志和耳根子，讓耳根子硬到不再聽從他的建議，讓心志堅定到不可動搖。

天命不可違——
神奇隱士穆薩

很久以前，阿拉伯有一位國王，他結婚多年都沒有孩子。於是，他每天都虔誠的祈求真主，又過了三年，王后終於懷孕了。

一年後，王后為國王生下一名女嬰，長得白皙嬌嫩，非常可愛。為了慶祝自己的女兒降生，國王大擺宴席，邀請滿朝大臣都來參加。

宴席當天，有位大臣說：「城中有一位叫穆薩的隱士，可以準確地預測每個人的未來，不如請他來為公主做個預測吧？」

國王聽後，立刻吩咐侍衛請隱士進宮。

隱士住在沙漠邊緣，他聽到國王的命令後，便風塵僕僕地趕來。

他來到宮中，恭敬地給國王行禮。

國王說：「穆薩，我很想知道我的女兒未來命運將會如何。」

「陛下，如果我說了，您可不要發怒。」穆薩回答。

「好，我答應你，你快說吧！」國王很期待答案。

穆薩說：「公主長大以後，會嫁給一個女奴隸的兒子，這個女奴隸叫桑璐娜。這是命中註定的，無法逃避。」

國王聽後十分憤怒，但是他已經答應了穆薩不發火，所以使勁咬著牙齒，忍住怒氣。

第二天一早，國王立刻派人去打聽叫桑璐娜的奴隸在哪裡，並很快就有了消息。國王與宰相喬裝打扮成使者，將桑璐娜和他幾個月大的兒子都買下來，向荒蕪的沙漠走去。

走著走著，他們看到一個岩洞。於是，國王把桑璐娜和她的兒子騙進岩洞，一刀殺了桑璐娜。當他舉起刀準備砍向男孩時，卻心有不忍起來。

「把他一個人扔在這裡，不是餓死就是被狼叼走，總之也是活不長了。」國王放下了刀，騎上駱駝，就趕回宮去。

在岩洞的背後，有一個小村落。村裡住著一位老婆婆，她每天放羊擠奶來賺錢糊口。一天，老婆婆外出放羊，正巧路過岩洞。她看見裡面有一具死屍，旁邊還躺著一個哇哇啼哭的男嬰。老婆婆大吃一驚，

趕忙抱起孩子，男嬰被老婆婆抱起後立刻停止了哭啼。老婆婆感覺和他有緣，就把他抱回家中收養。

時光荏苒，當年的男嬰已經長成英俊的青年。老婆婆為他取名叫魯霍爾，並在十八歲那年，把他的身世告訴了他。

一天，國王微服出巡體察民情。走著走著，他來到老婆婆的院子前停下腳步。國王看見一個肌肉結實的青年在田間勞作，便上前說道：「年輕人，我走累了，能不能在你家歇歇腳？」魯霍爾熱情地點著頭。

他搬來椅子，請國王坐下，還為國王沏了一壺茶。國王被魯霍爾的熱情所打動，他想：「多麼俊俏的臉龐，多麼完美的身材，如果能留在宮中服侍我，那該多好。」於是，國王表明了自己的身分後說道：「我希望你能隨我回宮。」

魯霍爾聽後，收拾好行囊，告別了養母，跟隨國王來到王宮。他對國王畢恭畢敬，細心服侍，國王越來越喜歡他。

一天，國王閒來無事，便和魯霍爾聊起了家常。

他說：「魯霍爾，你長得這麼俊秀，為什麼一點也不像你的母親呢？」

魯霍爾回答道：「稟告陛下，因為她並不是我的親生母親。」於是，魯霍爾將自己的身世告訴了國王。

國王聽後差點暈過去，他簡直無法相信，眼前這個討人喜歡的英俊青年居然就是女奴桑璐娜的兒子，他居然奇蹟般地活了下來。

「隱士穆薩的話真的那麼靈驗嗎？天命真的不可違背嗎？」國王暗自下定決心，一定要改變女兒的命運。

第二天，國王把魯霍爾叫來，交給他一封祕密書信，讓他送到郊區的縣長手裡。國王說：「這封信非常重要，除了縣長，誰也不許打開。」

郊區的縣長是國王的親弟弟，他們從小一起長大，兄弟情深，從來不分你我。這幾日，國王的女兒正在他家度假，他待公主就像自己的親生女兒一樣疼，公主十分喜愛這個叔叔。

魯霍爾帶著祕密書信，騎上馬出發了。為了不耽誤國王的大事，魯霍爾一天都沒有休息，不分晝夜，快馬加鞭地趕往郊區。

五天過去了，魯霍爾終於到達了郊區。他來到縣長家的花園，發現園中有一道清泉，他脫下衣服，沖了個澡，然後靠在樹下休息，不知不覺就睡著了。

這時，公主剛好來到花園，她一眼就看見了熟睡的魯霍爾。看到霍爾結實的肌肉、英俊的臉龐，公主對他非常傾心。

公主悄悄靠近魯霍爾，發現他衣袋裡露出的信封角。公主輕輕拿出信封，拆開一看：「立刻將送信的人殺掉，別問為什麼，立刻執行。」

公主認出是父親的筆跡，她為父親這種卑鄙的行為感到羞恥。於是她模仿著父親，寫了這樣一封信：「立即為公主和送信的人舉行婚禮，別問為什麼，立刻執行。」

公主把這封信塞進魯霍爾的衣袋中，拿起父親的信便跑回房間。

魯霍爾睡醒後把密信交給了縣長。縣長雖然感覺奇怪，但還是按照信中的吩咐，為公主與魯霍爾舉行了盛大的婚禮。

幾天後，公主和魯霍爾回到王宮。國王氣得青筋暴跳，他得知是自己最愛的女兒搞的鬼，也只好忍氣吞聲。他無奈地搖搖頭說：「看來天命真的不可違背。」

小知識：

緣分妙不可言，它看不見摸不著，更猜不透。緣分讓陌生的兩個人相識、相戀、相守一生。穆薩與公主千里姻緣一線牽，是命中註定的緣分，拆也拆不散。

善意的謊言——聰明的哈基姆

有一個叫加希爾的王國，那裡的十代國王都是仁君，他們賢明有德，大臣廉潔公正，人民安居樂業，國家興旺發達。

直到第十一代國王拉耶爾即位以後，加希爾王國發生了巨變。拉耶爾國王整日只知吃、喝、玩、樂，沉迷於酒色，對朝政置之不理。他把正義直言的忠臣全部趕出宮去，而把善於溜鬚拍馬、偷奸耍滑的奸臣留在身邊，天天陪他飲酒作樂。

日復一日，貪官污吏越來越多，他們欺上瞞下，打壓百姓，強搶民女。百姓們叫苦不迭，一些有正義感的仁人志士紛紛前去皇宮請求面見國王，但都被朝中奸臣趕了出去。百姓們到地方官府伸冤，卻被蠻橫的貪官一頓毒打，逐出府衙。百姓們的生活一天不如一天，眼看就要過不下去了。

人們群聚在一起，決定商量個對策。

人群中有一位名叫哈基姆的年輕人說：「我曾承受到真主的啟示，學會了一門獨特的本領，可以聽懂鳥類的語言，我有一個辦法可以說服國王。」

哈基姆請裁縫為自己做一身華麗的服裝，他穿上後很像一個養尊處優的貴族。他來到王宮門前，對侍衛說：「我來自遙遠的北方，在夢中得到了天啟，特來向國王稟報。」

侍衛嚴厲地說：「什麼天啟？你告訴我，我去替你傳達。」

哈基姆堅持說：「告訴別人就不靈了，會耽誤國王大事的。」

無奈之下，侍衛只好向國王稟告。國王聽了侍衛的言詞感到很蹊蹺，下令讓哈基姆進殿。

國王見到了哈基姆，急切地問：「有什麼天啟？你快告訴我！」

哈基姆不慌不忙地說：「尊敬的陛下，我得到了神力，可以聽懂飛鳥的語言。飛鳥在天空中飛翔，俯瞰世間萬物，牠們知道哪裡藏有寶藏。」

貪財的國王聽了哈基姆的話後，興奮不已，對他說：「如何證實你有這般神力呢？」

哈基姆打開一扇窗，正巧，一隻烏鴉叫著從空中飛過。

哈基姆對國王說：「您聽見什麼聲音了嗎？」

國王說：「我聽見烏鴉在天上亂叫。」

哈基姆微笑著說：「尊敬的陛下，烏鴉沒有亂叫，牠是在說，城堡東邊三十里的蘋果樹下有金子。」

國王滿心疑慮，立刻派侍衛到哈基姆所說的地方挖金子。很快地，侍衛們就帶著滿滿一袋金子回來交給國王。

國王瞪大眼睛，覺得哈基姆是上天派來的神仙，於是張羅了豐盛的食物款待他。

第二天，哈基姆陪國王到花園散步，聽見一隻鴿子在葡萄架下咕咕地叫著。國王趕忙拉住哈基姆說：「哈基姆，快告訴我，鴿子在說什麼？」

哈基姆說：「尊敬的陛下，鴿子說，城堡西邊二十里的小山洞中有一袋銀子。」

國王立刻吩咐士兵到哈基姆說的地方挖銀子。不一會兒，士兵就帶著滿滿一袋銀子回來了。

國王又驚又喜，握住哈基姆的手說：「你真是上天送給我的禮物啊！」

第三天，國王帶著哈基姆外出打獵，只見一隻大鵬鳥鳴叫著從天邊飛過。

國王問哈基姆：「快告訴我，這隻大鵬叫聲如此刺耳，牠在說什麼？」

哈基姆跪在國王面前說：「尊敬的陛下，大鵬鳥說地方貪官污吏欺壓百姓，強取豪奪。他們只管自己貪圖享樂，不管百姓死活。有人向您伸冤，但都被他們攔在門外，無法見您。長此下去，將會亡國。」

國王聽了哈基姆的話，張大了嘴巴，驚訝地說：「國家真的到了這種地步嗎？我怎麼毫不知情呢？」

哈基姆直言不諱地說：「您的身邊圍滿了奸臣，他們把您隔離起來，自己卻為非作歹。」

回宮後，國王下令召見全城百姓，百姓們把心中的苦水一一傾吐。

最後，國王懲治了所有貪官污吏，並請回那些忠誠的臣子來輔佐朝政，百姓們終於又過上安居樂業的日子。

小知識：

人們光有智慧是不夠的，還要善於運用它。一個真正的智者往往會用善意的謊言接近他的對手，進而獲得勝利與成功。

好人有好報——懂得感恩的阿德南

阿德南一家住在一望無際的大海邊，除了妻子之外，他還有十個子女。為了養活妻兒老小，阿德南不得不拼命地打魚賣錢，給孩子們換些吃的。為了讓孩子們多吃幾口，夫妻倆經常挨餓。

不久，他的妻子病死了，阿德南痛不欲生，也想一死了之，可是他看著家裡的十個孩子，又清醒了過來，決定從此以後要更加勤奮地打魚，把孩子養大。

沒想到，屋漏偏逢連夜雨，阿德南不分晝夜拼命打魚，就是一無所獲。他絕望地走在回家的路上，心中想著那些嗷嗷待哺的孩子，臉上淌著熱淚。

這時，麵包店的老闆攔住了他，關切地問道：「老兄，你怎麼了？」

阿德南將自己的不幸遭遇告訴了老闆，老闆趕忙跑回麵包店，拿出十一個麵包和一點錢交給阿德南，溫和地說：「你不必難為情，快快回家拿給孩子們吃吧！」

老闆的善良與慷慨深深感動了阿德南，他謝過老闆後，趕忙跑回了家。孩子們從沒吃過如此美味的麵包，他們狼吞虎嚥地吃了起來。阿德南用老闆給的錢換了一張新的漁網，打算早日

捕到大魚，報答老闆。

在這之後的每一天，阿德南都在天亮之前就把船划到了海上，撒下大網。

可是，厄運並沒有就此離開阿德南，他在海中奮鬥的每一天，都一無所獲。而麵包店的老闆總是慷慨地拿出麵包和一點錢，安慰他說：「我們是好朋友，有難同當，有福同享。」

就這樣，阿德南連續四十天徒勞往返，而麵包店老闆無私地給予他們一家幫助，兩人的感情日漸深厚。

第四十一天清晨，阿德南划著小船來到海中央，他大喊道：「真主，我是一個堅忍不拔、充滿毅力的人，你儘管考驗我吧！總有一天我會苦盡甘來的！」

也許是他的吶喊感動了真主，當天，阿德南雖然沒有捕到魚蝦，但他卻撈到一個小矮人。

小矮人問道：「你是誰？叫什麼名字？」

「我叫阿德南，是個漁民。」阿德南驚奇地看著矮人答道。

「好吧！從今以後，你給我帶陸地上的水果，我給你帶海中的寶藏，我們做好朋友，好嗎？」

「一言為定！」

說完，小矮人拿出一顆碩大的珍珠送給阿德南，然後轉身潛入海底。阿德南捧著這顆閃閃發光的珍珠，心想：「這個寶貝足夠我們一家吃穿不愁了。」可是他立刻轉念一想：「麵包店老闆是我的救命恩人，我要拿去報恩。」

於是，阿德南來到麵包店，將珍珠送給了老闆。老闆驚訝得合不攏嘴，他一輩子也沒見過這麼珍貴的稀世珍寶。阿德南將自己打魚時的奇遇告訴了老闆，老闆感到十分驚奇，他非常感謝阿德南的慷慨大方與知恩圖報，並將店裡所有的麵包和一袋銀幣送給了他。阿德南拿著錢到市集上買了許多水果，高興地回到家。

就這樣，阿德南每天給海中的小矮人送來水果，小矮人也獻上一件珠寶做為交換。阿德南把得到的珠寶全部交給了麵包店老闆，報答他的救命之恩。老闆也特地為阿德南一家烘焙了美味的蛋糕，還會額外給阿德南一些錢。兩人的感情十分真摯，並且越來越深。

一天，國王的侍衛隊來到海邊巡邏，正巧撞見阿德南捧著一顆碩大的珍珠往回走。侍衛們將他帶到國王面前，國王看著珍珠，驚訝地問：「這種稀世珍寶，你是從哪裡弄到的？」

阿德南把自己悽慘而又離奇的遭遇毫無保留地告訴了國王，國王聽後感嘆道：「你真是個知恩圖報、真誠善良的好人。我要任命你做我的大臣，並將女兒許配給你。」

就這樣，阿德南一躍成為國王的心腹和親人，他懷著一顆感恩的心處理政務，受到了百姓們的一致擁戴。儘管如此，阿德南並沒有忘記救他於水火之中的麵包店老闆。他將老闆一家接到城中，為他開了一家又寬敞又明亮的麵包店，取名為「兄弟麵包店」。

小知識：

感謝是美德中最微小的，而忘恩負義是惡習中最不好的。

嫌貧愛富的教訓——
商人之子奈吉

奈吉是阿拉伯一位富商的獨生子，從小就被嬌生慣養，長大後變得遊手好閒，經常和一幫狐朋狗友吃、喝、玩、樂。

富商一天比一天老，他感覺自己的時間不多了。於是，他整合家產，換成金幣。他把金幣分成兩份，裝進兩個口袋，一個放在桌上，一個藏在寢室一塊木地板下的地窖裡。

富商立好遺囑，把奈吉叫了過來，說道：「孩子，我把今生所有的積蓄都留給你，你要好好珍惜。如果你揮霍無度，這有限的金錢很快就會蕩然無存的。」說完，富商把桌上的一袋金幣交給奈吉。

「父親，我知道了。」奈吉接過金幣，轉身要走。

「等一等。」富商站起身，帶著奈吉來到寢室，指著那塊木地板說：「我的孩子，我希望你認真運用這筆錢，像我一樣好好做生意。當然，沒有人一生都是風平浪靜的，所以我在這裡為你預備了一筆救急資金，幫你擺脫困境。」

富商語重心長的話語觸動了奈吉的心，他堅定地說道：「父親，您放心吧！我一定會成功

的。」

沒過多久，富商就去世了。奈吉學著父親的樣子做起了生意，他用一袋金幣進了很多貨物。由於不懂得經營手法，生意很快就失敗了。奈吉只好特價處理掉所有貨物，減少損失。

生意失敗後，奈吉開始消極度日。他與狐朋狗友們整日大吃大喝，歡娛作樂，揮霍無度，把父親的囑託抛到九霄雲外。直到有一天，奈吉的錢花光了，變成了窮光蛋，朋友們見他毫無利益可圖，便一個個離他而去。

奈吉絕望地遊走在大街上，他想起了父親的教誨，知道自己受到了懲罰。但他不願就此頹廢下去，他找到曾經一起吃、喝、玩、樂的朋友，向他們請求幫助。

奈吉找到他的朋友們，央求道：「兄弟們，當初我們整天在一起，關係非常好。現在我時運不濟，請你們幫助我，哪怕是給我一份工作，我都會努力做好的。」

他的酒肉朋友們無奈地搖搖頭說：「老兄，你這樣的大少爺我們可用不起。」

「求求你們，我已經不是什麼少爺了，你們就讓我試試吧！」奈吉苦苦請求。

朋友們見奈吉年輕，可以當個壯工，於是收留了他。並對他說：「明天一早來工作吧！午飯自備。」

第二天一早，奈吉準時趕到工地工作。他很能吃苦、任勞任怨，朋友們對他的工作態度很滿意，但始終不把他當作自己人。

午飯時間到了，大家圍坐在一起用餐。每個人打開飯盒，都拿出一點吃的和其他夥伴分享。奈吉掏出了麵包，卻驚奇地發現少了大半塊。這時，一位朋友非常不滿地說道：「奈吉，你怎麼能拿這麼一點麵包來和大家分享？」

「昨天我把麵包裝進口袋裡時還是完整的，也許是昨晚被老鼠吃了。」奈吉結結巴巴地答道。

朋友們聽後紛紛嘲笑奈吉，說道：「你這個騙子，就知道說謊。」

其實，那塊完整的麵包之所以變得不完整，是因為真主想給奈吉一個磨難而運用的神通所致。

奈吉被大家一番羞辱，紅著臉跑回了家。他被委屈和氣憤折騰得吃不下飯，睡不著覺。半夜，他想起了父親的囑託，「錢被花光了，朋友把我傷透了，我想我只有這條路可以走了。」奈吉走到父親的寢室，打開地板，拿出一袋沉甸甸的金幣。

奈吉數了數，這筆錢足夠他享用到生命結束。「這一次，我要聽父親的話，好好利用這筆錢。」奈吉暗自下著決心。

天一亮，奈吉便到市集上訂做了一身華麗的服裝，買下一個僕人料理家務，並切斷與那些狐朋狗友的一切往來。他決定改頭換面，重新做人。

朋友們找不到奈吉，紛紛託人打聽他的下落。但他們並非真正關心奈吉，而是把他當作無聊時的消遣。很快地，他們便打聽到奈吉擺脫了貧困潦倒，變成了闊少。

於是，他們紛紛跑到奈吉家，表面上是向朋友表示祝賀，實際上是為了瞭解奈吉發財的原因。

奈吉見到這群狐朋狗友，熱情地邀請他們進屋，吩咐僕人準備一桌上好的飯菜招待朋友們。

這時，一個沉不住氣的朋友問奈吉：「我親愛的老兄，你的錢是哪裡來的呀？」

「昨天夜裡，父親從天上送來的。」奈吉笑著回答。

朋友無言以對，只好轉變話題。他們有說有笑地攀談了一陣子，飯菜就準備好了，奈吉請各位朋友入席。

宴席上，朋友們一邊誇獎奈吉，一邊向他敬酒，想藉此機會與富貴的奈吉恢復友誼。

吃著吃著，奈吉舉起一雙銀筷子，對朋友們說：「你們看，這是父親給我留下的一件寶貝。他原本和我的腿一樣長，可是今天早晨我才發現它變得和筷子一樣短，這肯定是老鼠咬的。你們相信嗎？」

「老鼠的牙鋒利無比，肯定是牠們幹的。」

「別看老鼠身子小，但是力氣卻很大，而且什麼都吃。」

朋友們爭先恐後地表示贊同奈吉的說法，還講出了老鼠吃掉銀筷子的理由。

奈吉哈哈一笑，問道：「親愛的朋友們，你們說說，老鼠會吃麵包嗎？」

大家你看我，我看你，頓時恍然大悟，原來這是奈吉故意的安排。他們紛紛低下頭，默默不語，非常尷尬。

奈吉看著這些溜鬚拍馬、嫌貧愛富的傢伙，毫不客氣地說：「趕快滾出去，你們這些金錢的奴隸！」大家羞愧地一窩蜂離開了奈吉的家。

就這樣，在真主的庇護下，奈吉認真學習經營之法，重操父親舊業，錢越滾越多，他的生活也越來越有意義。

小知識：

坎坷的道路上可以看出毛驢的耐力，患難的生活中可以看出友誼的忠誠。

金錢並非快樂之源——窮人拉比阿

吉薩城中住著一位商人，由於他經驗豐富、買賣有方，每次從商都能滿載而歸，不久便成了百萬富翁。他的隔壁住著一家窮人，戶主名叫拉比阿，是吉薩城中一名鞋匠。拉比阿每天早出晚歸，為迎來送往的客人們擦鞋，賺取一些小錢，勉強夠老婆與兩個孩子糊口。

每到傍晚，在外忙碌了一天的富翁回到家，看著清鍋冷灶，都感到十分悲涼。而與此同時，隔壁拉比阿一家卻燈火通明，歡聲笑語不斷。富翁總是在心中納悶：「我這麼富有卻笑不起來，他們家窮到吃飯都成問題，竟然每天都這麼開心。」

一天，富翁到埃及做買賣，不幸被小人欺騙，賠了一筆錢。傍晚，他悶悶不樂地回到家中，想喝口熱茶解解乏，卻發現家中沒有熱水；想吃點可口的飯菜，卻發現家裡除了爛菜葉，什麼也沒有。「這麼大的房子為什麼給不了我想要的溫暖！」富翁一邊叫嚷著，一邊扯下餐桌上的桌布，盤碟碗筷碎了一地。富翁覺得還不夠解氣，他又舉起陳列架上的古董，重重砸在地上。

這時，住在隔壁的拉比阿聽到了陣陣響聲，他趕忙跑到富翁家，一邊敲門一邊詢問：「您

怎麼了？出什麼事了嗎？」

富翁將門打開，拉比阿看到屋子一片狼籍，關切地說：「能告訴我您怎麼了嗎？」

富翁喘了口粗氣，對拉比阿說：「今天我做生意失敗了，本想回家吃點可口的飯菜，喝杯熱呼呼的茶，卻發現家裡除了金銀財寶，什麼也沒有。」

聽到這裡，拉比阿微微笑了一下，並溫和地說：「如果您不嫌棄，我想請您到我家坐坐。」富翁肚中飢餓難耐，就跟著拉比阿走了。

拉比阿推開家門，他的兩個孩子跑了過來，向富翁行了禮，並恭敬地說：「大伯您好，歡迎您到我家做客。」

「真是有禮貌的好孩子。」富翁向孩子們點點頭，並讚嘆道。

這時，拉比阿的妻子從廚房走了出來，手中端著香噴噴的飯菜。她把飯菜放到桌上，熱情地招呼富翁入座，並親手為他盛了一大碗白米飯。富翁狼吞虎嚥地吃起來，他感覺自己從來沒有吃過這麼美味的佳餚。

酒足飯飽後，拉比阿對兩個孩子說：「孩子們，大伯今天第一次來我們家，你們有什麼表現嗎？」

「我們為大伯準備了『歡迎舞』。」說著，兩個可愛的孩子又唱又跳，他們一會兒圍著富翁轉，一會兒趴在拉比阿的腿上，一會兒又站到椅子上，十分歡欣愉快。富翁被兩個孩子逗得哈哈大笑起來，他跟著孩子們的節奏，情不自禁地打起了拍子。

時間一分一秒過去，夜晚很快就要來臨。兩個孩子玩累了，拉比阿便叫妻子帶他們回房休息。自己沏了一壺熱茶，與富翁對酌起來。富翁喝著溫暖的熱茶，對拉比阿說：「以前我總是不理解你們窮人為什麼每晚都能愉快地歌唱，現在我懂了，這種快樂不是刻意的，而是發自內心、情不自禁的。」

富翁離開後，一臉的羨慕。

這一幕恰巧被魔鬼看到了，他嫉妒人類的快樂，就變成一個智者找到了富翁。他對富翁說：「窮人之所以會窮歡樂，是因為他們沒有受到金錢的誘惑。不信的話，一袋金幣就會讓他們的歡聲笑語從此消失。」

富翁搖頭，表示不相信。

魔鬼拿出一袋金幣，讓富翁交給拉比阿來驗證他的說法。

就這樣，富翁來到鄰居家，從口袋中掏出一袋金幣，放到拉比阿手中說：「謝謝你和你的家人讓我感受到從未有過的快樂，這袋金幣做為我的回報，無償送給你們。」說完，富翁便返回家中。

富翁走後，拉比阿將這件事告訴了妻子，他們打開錢袋數了數，裡面足足裝了一百枚金幣，足夠全家人一輩子吃穿不愁了。拉比阿從來沒有見過這麼多錢，他對妻子說：「我們一定要好好看管這筆錢，千萬別弄丟了。」

從此以後，拉比阿和妻子每天晚飯後，就忙於數袋子裡的金幣，生怕喪失一枚。他們不再陪兩個孩子唱歌跳舞，家中也再沒有歡聲笑語傳出。

日子一天天過去，拉比阿漸漸意識到這筆金錢擾亂了自己的生活，泯滅了家中愉快歡樂的祥和氣氛。於是，他拿起錢袋，毅然決然地走到富翁家，將錢幣還給了富翁，並對他說：「您的好意我們心領了，但是這筆錢必須還給您，請您讓我們快樂地生活吧！」

小知識：

對金錢和享樂的貪求，促使我們成為它們的奴隸，也可以說，把我們整個身心投入深淵。

用善良拯救嫉妒者——

不計前嫌的哈薩尼

阿拉伯的一座小城裡住著一位勤勞善良的小伙子，他叫哈薩尼。他經常救濟窮人，助人為樂，為大家排憂解難。雖然他生活不算富足，但也不愁吃穿，十分幸福。

哈薩尼的隔壁住著一個叫法迪的青年，他見哈薩尼生活幸福、人緣甚好，心中不由得升起了一團嫉妒之火。每次一見到哈薩尼幫助別人，他都恨得咬牙切齒；晚上一聽見哈薩尼家有說有笑，他都恨得睡不著覺。久而久之，他對哈薩尼的嫉恨之心越來越重。直到有一天，他再也無法忍受被人們讚揚和尊敬的哈薩尼，決定除掉他，以解心頭之恨。

這天，法迪來到哈薩尼家中，客客氣氣地說：「親愛的鄰居，我剛才去井邊打水，突然繩子斷了，我的水桶因此掉進了井裡，你願意幫幫我嗎？」

「走，我們去看看。」哈薩尼爽快地答應著。

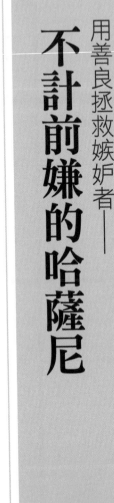

兩人來到井邊，哈薩尼趴在地上，將半個身子探入井裡尋找水桶。這時，法迪狠狠地踹了哈薩尼一腳，把他踢進井底。

「殺了你，總算可以睡個安穩覺了。」法迪以為哈薩尼必死無疑，於是一路哼著歌回家去了。

萬幸的是，哈薩尼所掉入的枯井正是神仙們的居所。他被法迪踹下井時，剛好被神仙們接住，因此哈薩尼毫髮無傷。

一個神仙問道：「這人是誰？」

「他是一個好人，叫哈薩尼。我常聽街上的百姓們讚揚他樂善好施，他剛剛被一個嫉妒者陷害，才會跌入井底。」一個神仙答道。

於是，神仙們將哈薩尼放到一塊石板上，轉身聊起天來。這時，哈薩尼也逐漸恢復了意識，他瞇著眼，認真聽神仙們談話。

一個神仙說：「你們知道嗎？昨天我去王宮，得知一個消息，公主生了重病，整天瘋瘋癲癲，御醫們全束手無策，蘇爾坦都急壞了。」

「其實，公主的病不用吃藥也能治好。」

「不用吃藥？那該怎麼治好？」

「城中的教堂裡有一隻黑貓，牠的尾巴上有一塊白色的毛。只要拔下七根白色的貓毛，點燃後向公主的眉心一燻，公主的病立刻就會好，而且永不再犯。」

這一切都被哈薩尼聽在耳中，記在心裡。

第二天一早，神仙們都飛出井中，哈薩尼也偷偷爬了出來。他趕忙跑到城中的教堂，捉住那隻黑貓，從尾巴尖上拔下七根白色貓毛，然後奔向了王宮。

哈薩尼對侍衛說：「麻煩您稟告蘇爾坦，我能治好公主的病。」

蘇爾坦聽了侍衛的稟報，如同抓住了救命稻草，立刻請哈薩尼進宮。他怕自己再一次失望，便警告哈薩尼說：「如果你治好公主的病，我就把她嫁給你；如果你治不好，我就砍了你的頭。」

哈薩尼信心十足地走到公主面前，點燃了七根貓毛，向公主的眉心一燻。公主「啊啊」大叫了幾聲後，便漸漸恢復了理智，頭腦也慢慢清醒起來。

蘇爾坦見女兒恢復了正常，又驚又喜。他擁吻了公主後，當著哈薩尼與文武百官的面宣布：「我要履行我的諾言，將公主許配給哈薩尼。」

就這樣，哈薩尼不僅逃過了鄰居的陷害，還一躍而成當上了駙馬。

沒過幾天，蘇爾坦的宰相因病去世了。蘇爾坦需要重新任命一名宰相，於是向百官徵詢意見。

一位大臣說：「陛下，您的女婿經常和公主一起為百姓謀福利，深得人心，就選駙馬做當朝的宰相吧！」

蘇爾坦聽了，非常高興，當即表示同意。

又過了不久，蘇爾坦年老體衰，需要選一位繼承人。這時，大臣們說：「宰相名聲最好，呼聲最高，繼承人選就選宰相吧！」

就這樣，哈薩尼成為了新一代蘇爾坦。他愛民如子、善良公正，成為了人人擁戴的明君。

一天，蘇爾坦外出巡遊，車隊被百姓們歡呼簇擁著，盛況空前。蘇爾坦一眼就認出了當年踢他入井的法迪，他吩咐車隊停下，並對侍衛說：「把那個人帶過來，別嚇著他。」

法迪被帶到蘇爾坦面前，驚訝地張大了嘴巴。他怎麼也沒想到當今的蘇爾坦竟是哈薩尼。

「這下可完了，我的小命難保了。」法迪絕望地想著。

沒想到哈薩尼卻吩咐侍衛：「從我的庫房裡取一千枚金幣和一箱珠寶，送給這個人。」

說完，哈薩尼微笑著與法迪話別，對於過去的事情隻字未提。

法迪拿到蘇爾坦的賞賜後，深感慚愧。他決心痛改前非，以哈薩尼為榜樣，做個好人。

小知識：

嫉妒是一種恨，這種恨使人對他人的幸福感到痛苦，對他人的災殃感到快樂。而善良卻猶如一汪清泉，能將嫉妒之火澆滅。

最「倒楣」的好朋友——
慷慨的陶菲格

巴格達城有一名商人叫陶菲格，他十分富有，但也非常小氣，不到萬不得已的時候，他絕不花一分錢，全城的人都背地裡議論他是吝嗇鬼。陶菲格出門總戴著一頂帽子，已經十多年了，帽子已破了好幾處，可是他寧願東補西補也不願再買一頂。久而久之，陶菲格的帽子成了全城最破的一頂帽子。

一天，陶菲格到市集上閒逛，他看見一位外地商人在賣一個金色的瓶子，他想：「這個瓶子肯定是件寶貝，不如我低價買入再高價賣出，從中賺取利潤。」

於是，陶菲格用他的聰明頭腦和從商經驗，與賣瓶子的商人討價還價，最後以超低價格買下了金瓶子。陶菲格十分滿意地抱著瓶子，繼續向前。他又來到一個香料攤位前，賣貨郎正在推銷幾瓶玫瑰水。陶菲格心中暗想：「如果我用低價收購了這些玫瑰水，再以高價賣出，就可以賺大錢了。」於是，他用對付賣瓶子商人的那一套，成功收購了玫瑰水。

隨後，陶菲格高興地回到家中，將金色的瓶子和玫瑰水小心翼翼地擺放在木架子上，做起了發財的美夢。

第二天，陶菲格到城中的浴池去洗澡。浴池老闆見到他還戴著那頂破舊的帽子，便嘲笑道：「有錢的大老爺，您為什麼不換頂新帽子呢？」

陶菲格笑了笑，沒有說話。他在浴池裡泡了好久，感覺有些餓了，便走出來穿衣服。可是他驚奇地發現，在自己的帽子旁邊放著一頂嶄新的帽子。

「一定是浴池老闆送我的，他真慷慨。」陶菲格心中一喜。於是，他戴上了新帽子，返回家中。

其實，那頂新帽子並不是浴池老闆送給陶菲格的，而是巴格達城大法官的。大法官洗完澡後，發現帽子不見了，頓時大發雷霆。浴池老闆趕忙跑來，他一眼就看見了陶菲格的破帽子，並斷定是他拿走了大法官的新帽子。

就這樣，大法官帶人來到陶菲格的家，看到陶菲格正戴著自己的帽子，便命令手下重打五十皮鞭，並罰款五十個金幣。陶菲格無論怎樣解釋都無濟於事，只好被毒打一頓。

被罰了款還挨了打的陶菲格，拿著自己的破帽子來到河邊。「你這個晦氣的東西，我跟你的交情結束了。」陶菲格氣憤地說著，把破帽子扔進了河裡。

次日，一位漁夫在河邊釣魚時撈起了陶菲格的破帽子，他好心將帽子送回了陶菲格的家。漁夫敲了半天門都沒人來開，他左看右看，發現陶菲格家有一扇窗子是半開著的。於是，他跳起腳，將帽子猛地扔了進去。誰知，帽子打在木架子上，將金色的瓶子和玫瑰水打落在地。

陶菲格逛完市集回到家中，看到木架的場景，驚訝地張大了嘴巴。他生氣地說：「真倒楣，晦氣居然跟著我，我要把瓶子埋了。」

說做就做，陶菲格在院子裡一鏟一鏟地挖著，不知不覺天就黑了。鄰居們被他鏟地所發出的叮叮噹噹聲吵得睡不著覺，於是有人報了官。官府的人制止了陶菲格的行為，並罰了他十個金幣的擾民費。

陶菲格心中的怒氣無處消散，他來到廁所，把帽子一股腦地塞進馬桶裡，順水沖走了。沒過幾天，鄰居家的馬桶全被堵住，大家在疏通下水道的時候發現了陶菲格的帽子，又報了官。官府老爺罰了陶菲格三筆錢，一筆交給國家，一筆補償鄰居們的損失，一筆付給疏通管道的工人。

陶菲格的積蓄眼看就要被罰光了，他沮喪地回到家中。這時，一位神仙戴著陶菲格的破帽子，說道：「陶菲格，這些災難都是對你吝嗇、貪小便宜的懲罰，希望你能改過自新。」

陶菲格被神仙的話深深打動，決定要痛改前非。他將自己的破帽子清洗乾淨，掛在牆上，把它當作好朋友，時刻警示著自己。

從此以後，陶菲格變成了一個慷慨忠厚的人，大家都願意與他打交道，他很快又變得富有起來。城中的百姓都稱他是「善人陶菲格」，而「吝嗇鬼」的名聲也漸漸消散了。

小知識：

吝嗇鬼的最終結果是變成無藥可救的守財奴，而慷慨的人不僅可以收穫財富，還會擁有金錢所買不到的智慧與情誼。

用學識對抗不公正——

睿智的盲老人

阿拉伯有一位商人，他經常到外地做買賣，賺取錢財。

一天，他準備到波斯去從商，於是到市集上向一個波斯人打聽：「請問，在你們波斯什麼最值錢？」

「檀香在當地賣價最高。」那人回答。

於是，商人花掉全部積蓄，在本地低價收購了一批檀香，馱在駱駝身上，向波斯進發。

波斯城中熱鬧非凡，商人牽著駱駝茫然地向前走著，準備找一個攤位做買賣。這時，一個賊眉鼠眼的小伙子問他道：「這位先生，您不是本地人吧？」

「我是外鄉人，到這裡來做生意的。」商人答道。

「您都帶了什麼貨物？」

「聽說這裡檀香生意最好，所以我就帶了檀香。」

聽了商人的話，小伙子眼珠一轉，趕忙說道：「可憐的人，你被騙了。在我們這裡，檀香根本不值錢，大家都用它來燒火做飯。」

商人一聽，臉色立刻變得紫青，他冷汗直流地說：「我可是花了所有的積蓄啊……這該怎麼辦……」

「我十分同情你，這樣吧，你把你的檀香全部給我，我願意以一升的東西做為回報，至於什麼東西，你可以隨便選。」

商人為了減少自己的損失，只好答應了小伙子，並與他約在三天後進行交易。

商人找到一所旅館住下，他將駱駝拴好，把貨物放在房間裡，獨自到街上遊蕩。這時，一個獨眼人抱住了他的腿，大聲哭喊著：「大家快來看啊！這個人竟然挖走我的一隻眼睛，安在自己的眼眶裡！」

街上的人聽到喊聲，紛紛跑來湊熱鬧。大家見商人和獨眼人都是藍眼睛，誰也說不清楚該怎麼辦。商人被獨眼人無理地糾纏著，感到百口莫辯。

這時，人群中有個男人說：「獨眼人是弱者，應該讓他提出一個要求。」

「我要他賠償我失去眼睛的損失。」獨眼人胡攪蠻纏地說。

「胡鬧！」商人氣憤地說，「我根本沒拿你的眼睛，憑什麼要賠償你。」

獨眼人見調解不成，便和商人拉扯起來。商人被眼前這個無賴折騰得心力憔悴，萬般無奈之下，他只好妥協道：「別鬧了，我明天再賠償你，好嗎？」

「好吧！為了防止你變卦，我必須找個擔保人。」獨眼人說道。

商人只好請來擔保人，為自己的承諾做下擔保，獨眼人才放他離開。商人悶悶不樂地繼續向前走著，他經過一座賭坊門前，被招攬生意的夥計們拉了進去。

在賭徒們的慫恿下，商人糊裡糊塗地下了注，賭了一陣，最後輸得一敗塗地。結帳時，老闆發現商人的錢不夠，便不客氣地說：「你如果不把帳付清，就把波斯灣的海水給喝乾才能走。」

「好吧！我明天答覆您。」商人說完，就被賭徒們沿街追打了起來。商人瘋狂地向城外跑去，躲進了一座破舊的茅屋裡。

看著賭徒們漸漸跑遠，商人不禁流下了悔恨的眼淚，他哭哭啼啼地說：「都怪我一時大意，現在後悔莫及了。」

「知錯就是好的。」這時，一個富有磁性的嗓音從茅屋的草堆上傳來。商人抬頭望去，只見草堆上端坐著一位老人，他面容和善，閉著雙眼。

「老人家，您是誰？」商人問道。

「我是一個雙目失明的老者，年輕人，你有什麼後悔的事情呢？」

於是，商人將自己在波斯城中的不幸遭遇一五一十地告訴了老人，並哀嘆道：「都怪我的定力不夠，才輕易地被人欺騙、被人冤枉、被人教唆。」

老人撫摸著自己的鬍鬚，對商人說：「年輕人，你知錯就好。明天你向騙你檀木的人要一升跳蚤，並要求其中有半升公的，半升母的，看他如何辦到；再找到冤枉你的獨眼人，讓他和你各挖出一隻眼，放在秤上量，如果兩隻眼睛重量相等，那麼就賠償他。這樣他將成為盲人，而你只是瞎了一隻眼而已；然後你再找到賭坊老闆，讓他幫你拿來波斯灣的海水，送到你嘴邊，你再把海水喝光。」

聽了老人的話，商人讚嘆不已，他由衷地感謝老人對自己的幫助，並十分佩服他過人的才智與淵博的學識。

原來，這位老者正是神仙所變，他將方法告訴了商人，便消失不見了。

第二天，商人按照老人所說的話，將騙檀木的小伙子擺平，把冤枉他的獨眼人搞得無言以對，就連賭坊老闆也拿他沒辦法。

就這樣，商人在盲老人的幫助下逃過種種劫難，平安地返回家中。

小知識：

知識有兩種，其一是我們自己精通的問題，其二是我們知道在哪裡可以找到關於某問題的知識。

好朋友是一輩子的財富——

薩林和宰德

真主賜予阿拉伯國王統治東方的權勢，還賦予了他處理萬事的能力。阿拉伯國王常常帶領著他的親信和侍從遠遊，在路上倘若遇到民間有難，他定會鼎力相助，排憂解難。他那超凡的智慧遠近聞名，他愛民如子的高尚品德更是讓世人敬仰。

一天，阿拉伯國王帶著已有身孕的妻子來到埃及進行友好訪問。埃及的國王準備了豐盛的菜餚和當地的特產，熱情地款待了他們。飯桌上，埃及國王請出了自己的王后，高興地說：「你們看，我的妻子不久就要生產了。」

阿拉伯國王聽後，笑著說：「真沒想到，我們的妻子都懷孕了，不知能不能趕在同一天生產。」

「不如等孩子生下後，你們再回國吧！讓我們一起見證美妙的時刻。」埃及國王發出了盛情的邀請，阿拉伯國王欣然同意。

不久後，兩位王后果然同一天分娩，而且都生了男孩，兩位國王樂得合不攏嘴。他們為上午出生的埃及王子取名叫薩林，為下午出生的沙特王子取名叫宰德，希望他們今後能夠成為最親近的兄弟，繼承兩位父親的友好交情。阿拉伯國王臨走前，與埃及國王依依不捨地告別，他們彼此約定好，今後每年王子生日，他們都聚在一起度過。

在這之後的十幾年裡，兩位國王一直履行著對彼此的承諾。每逢兩個孩子生日之際，他們兩家人都聚在一起，度過一段快樂的時光。薩林和宰德情同手足，他們每年都期盼著相聚的日子，然後又流著眼淚告別對方。時光匆匆飛逝，轉眼間，到了薩林和宰德的十八歲生日。當兩家人聚在一起時，薩林對他的父母說：「爸爸媽媽，如今我已經成人，可以自由支配自己的行動，我想和宰德在一起，永遠不分開。」

國王和王后被孩子真摯的情感所打動，他們同意了薩林的請求，將他留在了阿拉伯王宮中。從此，薩林和宰德形影不離，他們同吃同住，成為了世上最好的夥伴。

一天，阿拉伯國王對宰德與薩林說：「孩子們，你們不要整天貪圖享樂，應該到外面去鍛鍊鍛鍊身心了。」

「父王，我們是勇敢的人，願意接受任何挑戰。」宰德神氣十足地說。

國王想了想，說道：「你們就先去穿行沙漠吧！」於是，兩位王子騎上駱駝，帶好行囊，告別了國王，向沙漠走去。

由於王子們缺乏經驗，他們剛走進沙漠不久，便把身上所帶的乾糧和水吃光了。荒蕪的沙漠中捲起陣陣風沙，宰德被飢餓與勞累困擾著，顯得十分煩躁。薩林看出了朋友的痛苦，便安慰道：「宰德，堅持一下，我們很快就能找到水了。」

「真是的，這簡直是自討苦吃！」宰德怨聲載道地說。

「都怪我們沒有經驗，不知道如何安排好僅有的水和乾糧，才造成現在的局面。」薩林總結著經驗和教訓。

宰德聽後，發起了火來，他對著薩林罵道：「你是在指責我嗎？把我搞成現在這副慘樣子，難道你就沒責任了嗎？」

薩林瞪著眼睛，不明白自己說錯了什麼。宰德見他瞪著自己，越來越生氣，他猛地抽了薩林一巴掌。薩林委屈地捂著臉，他蹲下了身子，在沙地上寫下：我最愛的朋友打了我一個耳光。寫完，薩林站起身，繼續向前走。看著他的舉動，宰德莫名其妙，他牽著駱駝趕忙跟了過去。

正在兩人走投無路的時候，遠處突然走來了一位君王模樣的人，薩林和宰德根本不會想到，這是真主派來的天使。

天使問薩林：「你們在這裡多久了？」

「我們困在這裡有一天的時間了。」宰德回答道。

天使微微一笑說道：「真主降福於你們，再往前走幾里路就可以見到綠洲。」

說完，突然不見了。

薩林和宰德急忙跪在地上，雙手合十，感謝真主的仁慈。

隨後，他們朝著天使指引的方向繼續前進，終於看到一片綠洲，兩個王子高興地跑了過去。宰德興奮地大喊著：「終於有水了，我們得救了！」

薩林也激動地歡蹦亂跳起來，誰知他一不小心跌進了水中。薩林一邊掙扎，一邊向宰德呼救：「我不會游泳，快救救我！」

宰德立刻跳入水裡，將薩林拉上了岸。薩林咳出了嗆進喉嚨中的水，鎮定了一下情緒，拿起一把匕首，在河水旁的石頭上刻下了一行字：我最愛的朋友救了我一命。

看到這行字，宰德感到十分奇怪，他忍不住問薩林：「你寫這個幹什麼？」

「因為我想記住這件事啊！」薩林笑著說。

「為什麼我打了你以後，你把那件事寫在沙地上，現在我把你救上岸，你卻刻在石頭上？」宰德問道。「當我被朋友傷害時，要寫在容易抹去的地方，時間久了，風就會把它吹散；當我被朋友幫助時，就要把它刻在自己的心中，永遠不會被磨滅。」

宰德被薩林的話深深打動，他擁抱著薩林，飽含熱淚地說：「你是我一生中最好的朋友，也是我最大的財富。」

小知識：

朋友之間的傷害常常是無意的，但幫助卻永遠都是真心的。因此，朋友相處時，彼此都應該擁有一顆包容對方的心，把友情當作最好的資產，好好經營。

謙虛使人進步──
回頭浪子奈迪

奈迪出生在一位古埃及富商家中，在他成人不久，父母便相繼去世，留下了一筆豐厚的遺產給奈迪和他的妻子。父親在臨終前教育他：「儘管我留給你的錢一輩子也花不完，但是你一定要做個正直清廉的人，照顧好你的妻子和家庭。」

奈迪將父母安葬後，陷入了無盡的悲傷中。他每天深居簡出，與妻子過著平靜而孤獨的日子。沒過多久，一群紈褲子弟打起了奈迪的主意，在他們的花言巧語慫恿之下，奈迪忘記了父親的教誨，走上了邪惡的道路。

從那以後，奈迪與狐朋狗友們結伴出入，他們整天在外面逍遙快活，大吃大喝，到了晚上才醉醺醺地返回家中。妻子十分氣憤，她埋怨道：「你怎麼和那群不三不四的人做朋友？難道你忘了父親臨終前的話了嗎？」

「他們都是城中有名的商界子弟，怎麼會是不三不四的人！」奈迪不聽妻子的逆耳忠言，依然我行我素，與紈褲子弟們的往來更加親密。他揮金如土，每天請朋友們白吃白喝，到處尋歡作樂，把父親辛苦經營積攢下來的血汗錢肆意揮霍。妻子不厭其煩地在奈迪身邊勸誡，可是他全都當作耳旁風。

就這樣過了三年多，奈迪花光了家裡所有的現金，還欠了一屁股的債，他把金銀首飾珠寶拿去變賣，又拍賣了田地和房產拿去抵債。最後，債主將他們一家趕出了房門，奈迪帶著妻子，像喪家之犬般離開。他們暫住在一間破舊的茅草屋中，過起了朝不保夕的日子。

看著可憐的妻子，奈迪決定去找他的狐朋狗友們幫忙。誰知那些所謂的朋友紛紛離他而去，有的拒絕給他幫助，有的一直躲著他，還有的當眾羞辱了他。奈迪用豐厚的財富換來了冷眼旁觀和譏諷嘲笑，這使他的心中受到了強烈的打擊。

萬般無奈之下，奈迪的妻子只好去向鄰居們乞討。鄰居們看她可憐，就施捨了一些錢財給她。奈迪感到自己十分失敗，他再也不想靠妻子養活自己。於是，他徵得了妻子的同意，跟隨城中的商隊去往巴格達。

途中，商隊被一夥強盜搶劫，商人們四散逃走，奈迪也慌忙地跑向巴格達。守城的侍衛見他神色慌張，就問道：「你是來幹什麼的？」

「我是來談生意的大商人。」奈迪謊稱道。

侍衛聽了以後，把他帶到巴格達一位富商家中。富商以為奈迪十分富有，於是極其熱情地招待了他。傍晚，富商吩咐僕人帶著奈迪到後院，挑選喜歡的房間住下。

僕人帶著奈迪來到富商的後院，這裡有三間新房，僕人對奈迪說：「前面兩間比較好，後面這間雖然大，但是經常鬧鬼，您還是別住了。」

奈迪心想：「我對富商說了謊，謊言被戳穿的時候一定會很難堪，反正遲早是個死。」於是，他向僕人要了第三間房子的鑰匙，開門走了進去。房間非常寬敞，正中間擺放著一張木床，奈迪鎖好房門，便躺了上去。

突然，他聽見一個聲音在對自己說：「可憐的人啊！」

「你是誰？」奈迪好奇地張望著。

「我是遠道而來的神，每次我說出這句話，屋裡的人都會驚慌地逃竄出去，還說屋裡鬧鬼。只有你不怕我，所以我願意滿足你的願望。」

奈迪聽了以後，急切地說：「如果你真的是神，那就請你給我送來一萬個金幣，並把我的妻子送來。」

話音剛落，一大袋金幣從屋頂上掉落下來，差點砸在奈迪的頭上。與此同時，門外響起了敲門聲，奈迪開門一看，竟是自己的妻子。他趕快將妻子拉進房間，並鎖好門，將剛才發生的一切告訴了妻子。

妻子對奈迪說：「這也許是真主對你的恩典，今後你一定要改頭換面，踏踏實實地做人。」

聽了妻子的話，奈迪用力地點了點頭。

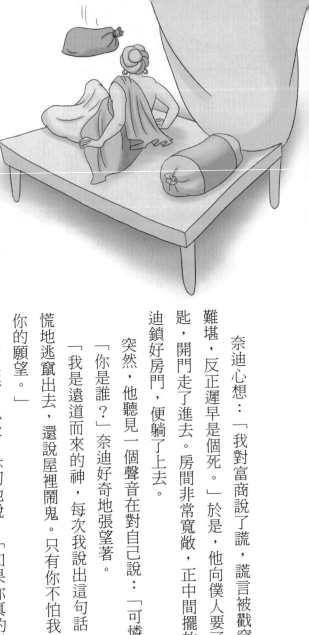

第二天一早，富商見奈迪安然無恙地走出鬧鬼的房間，還摟著自己的妻子，他感到十分驚訝，認為奈迪是神仙，從此對他十分恭敬。

奈迪用金幣買了一間大房子，還在城中開了商鋪，他認真經營，踏實肯做，生意越來越好，不久，奈迪就成了巴格達城有名的富翁。與此同時，他的名聲很快就傳進了國王的耳裡，國王派大臣請奈迪到王宮中共用晚宴，奈迪欣然前往。

晚宴上，國王與奈迪愉快地攀談起來，國王見他舉止優雅、談吐風趣，是個不可多得的人才。於是，他對奈迪說：「我的女兒善良美麗，你願意娶她為妻嗎？」

「陛下，恕我直言，我早已有妻室，不敢耽誤公主青春。」

國王聽後說：「你的誠懇我非常欣賞，我決定封你為當朝宰相。」

可是奈迪卻說：「陛下，朝中文武官員都比我經驗豐富，他們德高望重，小人不敢擔當。」

國王對奈迪的謙虛大加讚賞，他送給奈迪一枚榮譽勳章，並和他成了無話不說的好朋友。

小知識：

謙虛是人類不可缺少的品德，它就像一面誠實的鏡子，時刻提醒你是誰，並警告你：眼睛不是長在頭頂上的。

抱怨不如感恩——

先知娶妻

當聖祖易卜拉欣想念親人的時候，他會常常去麥加看望兒子。

這天，易卜拉欣來看望兒子易司馬儀。此時易司馬儀和朱爾胡姆結婚不久。當易卜拉欣走進兒子的房間時，發現有一個年輕的女子在裡面。易卜拉欣知道，這位年輕的女子一定是自己的兒媳婦。但是他沒有對兒媳婦表明自己的身分，而是問她：「你們的生活過得如何？」兒媳婦對易卜拉欣抱怨道：「我們每天吃不飽，穿不暖，易司馬儀還經常在外，沒有時間來照顧這個家，沒有時間照顧我。」

易卜拉欣聽了這些話非常不高興，讓這位年輕的女子轉告易司馬儀一句話，他說：「請幫我向易司馬儀問好，並轉告他，不要改變門風。」說罷，便轉身離去。

易司馬儀回來後，妻子告訴他：「有一位老人來過家裡，他讓我告訴你，不要改變門風。」易司馬儀似有所悟地告訴妻子：「那位老人是我的父親，他的意思是讓我們分手。妳是不是說了一些不得體的話，讓我父親不高興了？」

此時妻子才意識到，她對生活的抱怨讓老人不滿意，她反思了很久，對易司馬儀說道：

「親愛的，對不起，看來我讓你父親不高興了，我想，他下次來的時候，我會讓他滿意而歸的。」

過了些時日，易卜拉欣又來看望易司馬儀，這一次易司馬儀恰好又不在屋子裡，他再一次問自己的兒媳婦：「你們的生活過得如何？」這一次，兒媳婦改變了態度，她對生活不再是抱怨，而是充滿了感恩。

她對易卜拉欣說道：「我們雖然日子依舊貧窮，但易司馬儀很努力，他一直在外面打拼，希望有一天過上富足的生活。我們很恩愛，鄰居們對我們也都非常好，我們有什麼困難時大家都會盡力幫助我們。」

易卜拉欣聽了非常高興，他說：「替我向易司馬儀問好，並轉告他，安頓好自己的門庭。」易司馬儀回來後，妻子又轉告了父親的話，易司馬儀聽後很高興，他對妻子說：「我的父親是要我們和睦相處，彼此永遠都不要分開。」從這以後，易司馬儀和他的妻子恩恩愛愛，白頭偕老，過著幸福的生活，他們就是後來阿拉伯人的祖先。

小知識：

如果不喜歡一件事，就改變那件事；如果無法改變事情，就改變自己的態度，不要抱怨。

恩將仇報不可活——
漁夫智鬥惡魔

阿拉伯海灣住著一位漁夫，他每天都出海打魚，以此維持生計。一天，他天還沒亮就登上了漁船，向海中駛去，他想：「勤奮有好報，希望今天能有豐厚的收穫。」

漁夫用力地向海中撒下大網，很快地，漁網就變得沉甸甸的了。他使出吃奶的力氣拉起漁網一看，原來網住的是一頭死驢。他哀嘆了一聲，將死驢放回海裡，並把船划到遠一些的地方，繼續撒下了網。

過了不久，漁網漸漸變沉，漁夫拉出網一看，原來是一堆破瓶子和爛瓦罐。他勸慰著自己說：「沒關係，失敗乃成功之母，再來，再來。」

漁夫將漁網收拾乾淨，又把船划向了更遠的地方，撒下了網。不久，漁網又沉重起來。漁夫欣喜地想：「這次應該有魚了！」他拼命地拉起了網，只見漁網中除了魚骨，就是一堆碎玻璃和貝殼。他有些著急了，認為是真主在作弄他。

於是，漁夫跪在船裡，雙手合十，虔誠地說：「萬能的主啊，求你保佑保佑我吧！我不貪心，哪怕只給我一條魚，讓我可以吃飽就行。」說完，漁夫再次把船划向遠方，撒下了大網。

這次，當漁網變沉的時候，他並沒有著急拉網，而是恭敬地說：「感謝真主，希望這次是一條大魚。」

隨後，漁夫將漁網拉起一看，果然有一條碩大的海魚，旁邊還有一個藍色的瓶子。漁夫把大魚放進魚簍，好奇地打開了瓶子。突然，瓶中升起一股藍煙，變成一個醜陋的巨人。巨人二話沒說，就用魔法將漁夫和船猛地推向了岸邊，漁夫被摔得東倒西歪。

漁夫捂著屁股，呲牙咧嘴地說：「你是誰？你要做什麼？」

巨人指著漁夫，蠻橫地說：「是你救了我嗎？」

「是我救了你。」漁夫答道。

「好吧，既然是你救了我，那我就要殺了你！」巨人說完，指著漁夫就要施展魔法。

「等等！」漁夫說，「我救了你，你為什麼要殺我？」

「既然你死到臨頭了，我就把我的故事告訴你吧！」巨人說道，「幾百年前，我曾經是龍宮的一名神將。從龍宮公主降生後，我就對她心生愛意。等她長大成人後，我就去找公主求婚，但她拒絕了我。我的心被她徹底傷透了，所以開始在宮中作惡。我把她的侍女全部殺死，強硬地佔有了她。龍王派出無數蝦兵蟹將，但誰也打不過我。誰知蘇里曼大帝降臨，他把我變成了惡魔，封印在這個瓶子中。

「我每天漂泊在深深的海底，感到十分孤獨。於是，我開始祈禱：『如果有人能將我救出，我就送給他無數的金銀珠寶，讓他享盡榮華富貴。』

「就這樣，我默默地祈禱了幾百年，竟然沒有一個人來救我，我十分怨恨。今天，我改變了祈禱的內容，發誓道：『如果有人將我救出來，我一定殺了他！』沒想到剛發完誓，你就把我撈上來了。我是一個說到做到的人，而且又發了毒誓，你說我該不該殺了你呢？」

漁夫聽惡魔說完，心想：「如果我回答『該殺』，那麼我將在劫難逃；如果我回答『不該殺』，那麼就等於讓他違背了承諾，我必須想一個好辦法解救自己。」

想了想，漁夫突然哈哈大笑起來，他機智地說：「你這惡魔，誰相信你的鬼話！你看你的身體多麼龐大，怎麼能在一個小瓶子裡容身幾百年呢？」

「你居然不相信？好吧，我讓你開開眼。」魔鬼氣憤地化成一縷藍煙，緩緩鑽進小瓶子中。

這時，漁夫趕忙拿起瓶蓋擰了上去，然後貼上了封條，並在上面寫道：瓶內裝有殺人惡魔，千萬不要打開。

接著，他划著漁船駛向大海，把瓶子猛地拋了出去，大喊道：「恩將仇報的魔鬼是沒有好下場的！」

小知識：

忘恩的人落在困難之中，是不能得救的。

魯莽武斷鑄成大錯——

無辜慘死的獴

巴士拉城外的一座偏遠山村裡，住著一個農民和他的妻子。他們結婚許多年，但一直沒有孩子。於是他們每天晚上都向真主禱告，希望阿拉能送給他們一個孩子。沒過多久，真主賜福，農民的妻子有了身孕。十個月後，她為農民生下了一名男嬰。夫妻倆十分疼愛這個得之不易的孩子，把他當做掌上明珠一般供養。

一天，農夫到田裡工作，撿到了一隻被遺棄的獴崽，於是便把牠帶回了家。

農夫對妻子說：「讓獴崽給我們的兒子作伴吧！」

獴崽與嬰兒同吃同睡，他們朝夕相處在一起。不到半年的時間裡，獴崽已經變成一隻成年的獴，而農民的兒子依然是個嬰兒。獴常常用尾巴勾住柱子，倒吊著做鬼臉，逗得床上的嬰兒哈哈笑，牠還學著農民妻子的樣子為嬰兒洗尿布，有時還跑到田間幫農民做一些農活，他們全家都很喜歡這位可愛的家庭成員。

一天，農夫照常到田裡工作，妻子把孩子餵飽後，便把他放在床上，唱著搖籃曲，哄孩子入睡。這時，外面響起了敲門聲，妻子趕忙跑去開門一看，原來是鄰居家的大嬸。大嬸眉飛色舞地對她說：「城裡來了一支賣香水的商隊，他們的香水又便宜又好聞，我們一起去看看

吧？」

妻子猶豫了一下，她對孩子和獴的單獨相處有些不放心。於是，他把孩子鎖在屋裡，把獴哄到院子中。然後換好衣服，跟著大嬸去了城裡。她們來到巴格達城中，賣香水的商人周圍聚滿了婦女，她們你爭我搶地競相購買著。農民的妻子也擠進了人群中，她拿起一瓶粉色的香水聞了聞，又拿起一瓶紫色的香水嗅了嗅，接著，她連續拿起了五、六瓶香水比較起來。

商人問道：「這位女士，您選好了嗎？」

她已經挑花了眼，猶豫地說：「這幾瓶香水我都喜歡，該買哪瓶好呢？」

「我的香水都是從外國進口而來，這些香味都是獨一無二的，您買走了，別人就沒有了，您就是城中唯一的。」商人非常會做買賣，他使勁地煽動著。農民的妻子終於被商人說動了，她掏出身上所有的錢，買下了六瓶香水，然後又跟著大嬸在城中的市集閒逛了半天，直到天色很晚了才返回家中。

農民的妻子抱著香水，高興地來到家門前。她想：「晚上把這些迷人的香水噴給丈夫聞一聞。」想著想著，不禁笑出了聲。她用鑰匙打開大門，向屋中走去。獴一見她回來了，便歡蹦亂跳地跑過去迎接。妻子看見獴的臉上血跡斑斑，不禁嚇了一跳，她問道：「你受傷了嗎？」

獴搖搖頭，牠使勁地蹦著跳著，張牙舞爪，好像在訴說一件事情，妻子莫名其妙地盯著獴。這時，妻子注意到獴的嘴角、手臂上都是血，她驚訝地大叫了一聲，手中的香水也都被摔碎在地上。她上氣不接下氣地罵道：「你這畜生！是不是咬死了我的兒子？」

聽了這話，獴呲著牙，依依呀呀地叫著，顯得非常急躁。農民的妻子突然失聲痛哭起來，她指著獴說道：「我們家把你從小養到大，無論吃喝，一直沒虧待過你，你怎麼能如此忘恩負義，竟然吃掉我的孩子。」

農民的妻子越說越生氣，越哭越傷心，她舉起院子中的鐵鍬，狠狠地向獴的頭上拍去。獴沒有躲閃，一下被她拍倒在地上，不再動彈。這時，農夫幹完活回到家中，正巧看見這一幕，他趕忙奪過鐵鍬，問他的妻子：「這到底是怎麼一回事？」

妻子向丈夫講述了剛剛發生的一切，農民驚嘆道：「我根本不相信是獴吃了我兒子。」於是，農民拉著妻子來到兒子的房間外，他們看見門依然緊鎖著，孩子在屋中睡得十分香甜。然而在房子的門口躺著一條被撕裂的巨蟒，牠的血還在不斷地向外流著。

頓時，妻子恍然大悟，她後悔莫及地對丈夫說：「獴救了我的孩子，而我卻傷害了牠。」「妳這個糊塗的女人！」農夫氣憤地說。說著，夫妻倆趕忙跑到院子中，試圖將獴叫醒。可是，農民的妻子用鐵鍬給了牠致命的一擊，牠已經失去了生命。

小知識：

魯莽不是勇敢、不是遠見，更不是果斷，它只是在你沒弄清事情真相之前，所私自定下的結論和輕率的行為，它會令你犯錯，這種錯誤甚至一生都無法彌補。

好色之徒的悲劇——娜娃爾的「美人計」

娜娃爾是巴格達城中一名商人的妻子，她的丈夫經常要到外地進行商務往來，常常把她一個人留在家中。

一天，娜娃爾的丈夫要到遙遠的中國去做生意，把她和貼身女僕留在家中。女僕到街上買菜時與菜商發生了口角，菜商找人做了偽證，將女僕告到官府，監禁起來。消息傳到娜娃爾耳中，她十分著急，立刻跪在地上請求真主保佑。這時，真主降臨娜娃爾的面前，他答應幫助娜娃爾救回她家的女僕。

隨後，真主變成娜娃爾的模樣來到官府，求見省長。

省長見「娜娃爾」花容月貌，便色瞇瞇地問：「美女，妳有什麼事？」

「娜娃爾」向省長行了禮，並申訴道：「省長大人，我的妹妹在街上與菜商發生了口角，她是被人冤枉的。家裡只有我們兩口人，全靠妹妹照顧我，求您放了她吧！」

「這樣啊，那好，妳先到我的房裡坐一坐，我派人去把她放出來。」省長溫柔地說。

「大人，我是規矩的女人，不能一個人到別人家去。」

「妳要是不和我溫存一下，我就不放人。」

「這樣吧，不如您到我家來吧！」「娜娃爾」把家裡住址告訴了省長，約定好日期，然後向省長告辭。

接著，她又來到法官家裡求救，法官看見「娜娃爾」美豔的臉蛋，詢問道：「漂亮的女人，妳怎麼了？」

「娜娃爾」哭訴著：「老爺啊，我的妹妹跟別人吵嘴，被惡人做了偽證，監禁起來，求您為我做主！」

「妳別哭了，哭得我都心疼了。妳到我房裡休息一下吧！我派人把省長找來，命令他釋放妳的妹妹，如果需要贖金，就由我替妳支付吧！」法官殷切地對「娜娃爾」說。

「老爺啊，真是謝謝您的大恩大德。」

「那妳還不趕快進到我的房裡去？」

「這樣的話，不如我請您光臨寒舍吧？」

「真的嗎？把妳的住址告訴我。」於是，「娜娃爾」將地址告訴了法官，並把約會日期定在和省長的同一天，然後告辭。

「娜娃爾」隨後又來到相府，向當朝宰相申訴了自己的冤情，並哀求宰相為自己做主。宰相看著她楚楚動人的模樣，也請她到寢室去。「娜娃爾」像剛才一樣，盛情地邀請宰相到自己家中，並把同樣的日子做為約會日期，然後告辭。

最後，她又跑到王宮求見國王，國王聽了「娜娃爾」的申訴，並對她的優美身姿動了心，命她暫且到寢宮休息。

「娜娃爾」對國王說：「如果陛下不嫌棄，歡迎您光臨寒舍，奴婢不勝榮幸。」

國王聽後，欣然同意。「娜娃爾」將家裡地址告訴了國王，也約定了同樣的日期，然後告辭。

離開王宮，「娜娃爾」找到城中有名的木匠，求他打造一個櫥櫃，上下分成四層，每層櫃門外都有一把鎖。

做完這一切，真主來到娜娃爾家，向她面授機宜，娜娃爾點頭稱是，答應照辦。

第二天，木匠就把做好的櫥櫃送到了娜娃爾家，娜娃爾將櫥櫃放進臥室，對木匠說：「能不能麻煩你過幾天再來我家一次？」

木匠答應了娜娃爾的請求，她將同樣的日期告訴了木匠，並送木匠出了門。

約會的日子到了，娜娃爾穿上漂亮的禮服，塗脂抹粉地打扮妥當，坐在客廳中靜靜地等著客人們來臨。很快地，第一位客人到了，娜娃爾開門一看，原來是法官。她熱情地將法官請進客廳，法官看著娜娃爾漂亮的臉蛋，情不自禁地抱起她，向臥室走去。這時，突然有人敲門，娜娃爾驚慌失色地說：「一定是我的丈夫回來了，您快躲進櫥櫃裡！」

法官慌忙地鑽進最高的一層櫥櫃，娜娃爾將櫃門鎖上，然後出去開門。第二位客人是省長，娜娃爾熱情地將他迎進客廳，說道：「大人，求您為我的妹妹寫保釋條吧！」

省長被娜娃爾迷得魂不守舍，他匆忙地寫好保釋條，抱起娜娃爾衝進臥室。這時，門外又響起了敲門聲，娜娃爾驚訝地說：「是我的丈夫回來了，您快躲進櫥櫃裡！」

於是，省長也慌不擇路地鑽進第二層櫥櫃，娜娃爾將櫃門鎖上，轉身出去開門。第三位客人是宰相，他依然對娜娃爾圖謀不軌。娜娃爾用同樣的計策，將宰相鎖在了第三層櫥櫃中。她迎來的第四位客人是國王，國王見到美若天仙的娜娃爾，二話沒說，徑直把她抱進了臥室。這時，門外再次響起敲門聲，國王按照娜娃爾的吩咐，鑽進了最下面一層櫥櫃中，娜娃爾將櫃門鎖好，然後出去開門。最後來的客人是木匠，娜娃爾對他說：「對不起，我忘記為什麼找你了。」

木匠莫名其妙地轉身走了，娜娃爾拿著省長寫的保釋條，救出了女僕，並將整件事告訴了她。

女僕驚嘆道：「真主的智慧無人能比！不過，如今我們得罪了這些首腦，必須離開這裡

了。」

「我們去找我的丈夫吧！」娜娃爾帶著女僕，背起行囊，向中國奔去。

國王與官僚們被鎖在櫃子中，整整三天沒吃沒喝，他們憋不住的時候，就隨意大小便。第一層櫃中的省長實在忍不住了，大叫道：「是誰在放屁？簡直燻死我了！」

「上層的，你尿了我一身，還敢說我！」二層的法官喊道。

「你們的屎尿都流到我這裡了，真是噁心！」三層的宰相大聲抱怨。

這時，滿臉污穢、一身臭氣的國王嚷了起來：「都別吵了！我們現在是一條繩上的螞蚱，誰也別說誰，都是好色惹的禍！」

小知識：

貪圖淫慾，猶如用萬兩黃金去買一個肥皂泡；人們被肥皂泡迷人的外表所誘惑，心甘情願地交出自己珍貴的財富，但肥皂泡只要用手一碰就會破滅，此刻才恍然知道自己有多麼愚蠢。

人心不足蛇吞象——

貪婪受懲罰

在紅海之濱有一個名叫埃萊的村鎮，村民大部分以經商和漁獵為生，每逢安息日，人們就聚集在一起做禮拜，履行各種宗教儀式。

每當大家專心致志敬拜真主的時候，總有一條條鯨魚從海裡游來，伏在海邊的石頭上休息，而當人們做完禮拜從寺院裡出來的時候，這些鯨魚又會回到大海中去，年年如此。

對於這個現象，大家都沒有多加注意，可是這卻讓幾個遊手好閒的無賴發現了，他們認為這是一次絕好的發財機會，不能錯過。

於是這些無賴便趁大家做禮拜時捕捉鯨魚，幾次試捕下來，都非常順利，不僅讓自己大飽口福，而且還得到了一筆不小的財富。

村莊裡的長老發現這些無賴在安息日不去做禮拜，而是在大肆捕魚賺錢，非常氣憤，便勸阻這些無賴棄惡從善。可是無賴們不願意聽從長老們的教誨，他們依舊我行我素，甚至變本加厲。幾位長老覺得事態非常嚴重，便率領族人一起組成一道人牆，橫在了兩塊巨石之前，擋住無賴的去路。

長老們說：「你們怎麼可以不去做禮拜，而做這些違法亂紀的事情，你們必須放下漁叉和繩子，趕快到寺裡去做禮拜，真心對真主懺悔你們的罪行。」

無賴們根本不聽長老們的勸說，他們七嘴八舌地說：「這是我們的自由，你們做你們的禮拜，我們捕我們的魚，誰也不要干涉誰。」一位長老非常氣憤，他拿著劍想衝上去和無賴理論，卻被旁邊的人拉住了。這個時候，伏在石頭上休息的鯨魚早已游回了大海。

經過這次的教訓，村莊裡的長老們知道光說道理對這些無賴是沒有任何作用的，於是聚在一起商討解決的辦法。無賴們提出，要把村莊分成兩半，願意做禮拜的人和願意捕魚的人各住一半，這樣就可以井水不犯河水，互不相干了。

長老們對此非常無奈，只好同意無賴們的意見。從此，在村鎮中央有一道高高的石牆，成為了兩類不同人群的分界線。到了安息日這一天，寺院裡的鐘聲響起時，大部分村民會爭先恐後地去寺院裡敬拜真主，而少部分的無賴們卻反其道而行，奔向海邊的巨石，趁機捕食送上門來的鯨魚。兩類不同人群的表現，也註定了他們不同的命運。

在過後不久的一次地震中，無賴們所居住的那半個村子蕩然無存。而村莊的另一半則安然無恙，因為虔誠的祭拜真主，這些善良的村民得以繼續安然無恙地過平靜的生活。

小知識：

貪婪是最真實的貧窮，滿足是最真實的財富。

善以待人必得善報——

真誠的加齊

阿拉伯的一個小鎮上住著一名富商，他有一個獨生子名叫加齊。

有一天，富商遭遇意外身亡，留下大筆的金銀財富給這對孤兒寡母。

加齊是個憨厚誠懇的老實人，自從父親去世後，只要有人說他父親欠債未還，他就毫不懷疑地如數奉還。沒過多久，父親留下的遺產全被加齊花光，只剩下一頭奶牛。加齊只好每天靠擠奶賣錢，養活母親。

一天，真主與天使化身貧民出遊。他們來到加齊家前「砰砰」地敲門，加齊開門一看，是兩位蓬頭垢面的窮苦人。天使說：「好心人，我們飢腸轆轆，能否到你家吃點飯？」

加齊回答說：「我家也沒有吃的了，不過你們先請進吧！我和媽媽找鄰居們借些米來。」

加齊把兩位乞討者請進屋，為他們倒上茶水，然後和母親一起到鄰居家借雞蛋和大米。很快地，加齊就拿著幾枚雞蛋，母親捧著一把大米回到家中，開始做飯。

真主對加齊這種慷慨助人的精神非常感動，決定嘉獎這個善良的人。

加齊為兩位乞討者端來飯菜，並服侍他們吃喝。吃飽後，真主對加齊說：「謝謝你的款

待，好人一定有好報的。」說完，兩位乞討者便離開了。

加齊回到屋裡，母親對他說：「孩子，我們一點糧食也沒有了，不如把房子賣掉，再買一間小的，這樣可以餘下一點錢生活。」

加齊同意了母親的意見，他把房子賣掉，準備在旁邊蓋一間小茅屋。

一天，加齊正在挖地基，突然發現自己在地上刨出一扇鐵門。他打開鐵門一看，這是個一公尺見方的地窖，地窖中有七個罐子，每個罐子裡都裝著滿滿的金幣。

「感謝真主，我終於能讓母親過上好日子了！」加齊拿了些金幣，修建了全城最華麗的房子，和母親一起享福。

真主為了考驗加齊，便和天使再次化身乞討者來到加齊的新家。

加齊也認出了這兩位曾經到他家討飯的人，立刻吩咐僕人準備了豐盛的菜餚，熱情地接待了他們。

吃飯時，天使偷偷對真主說：「他已經不是當年的窮小子了，我們得考驗他還像不像曾經那樣真誠。」

於是真主對加齊說：「請你發發慈悲之心，送給我們一罐金幣吧！」

加齊回答：「沒問題。」

聽了這話，天使悄悄地對真主說：「我們跟他要三罐試試。」

真主說：「我們很窮，你願意給我們三罐金幣嗎？」

加齊點頭回答：「可以，我願意。」
聽到這兒，天使又對真主說：「我們要徹底地考驗他，向他要走所有的金幣。」
接著，真主對加齊說：「我們想要建造清真寺，請你把金幣全部送給我吧！」
加齊說：「你們都拿走吧！能為真主做事是我的榮幸。」
真主被加齊的真誠和慷慨所感動，他表明了自己的身分，對加齊說：「善良的人，好心一定有好報，我要永遠賜福於你。」

小知識：
善良的行為有一種好處，就是使人的靈魂變得高尚了，並且使它可以做出更美好的行為。

歷經憂患方顯安樂——胡馬木的規勸

埃及的一位青年國王極其酷愛冒險，每隔一段時日，他就會獨自離開王宮，到野外去探險，感受刺激。

最近，國王的冒險次數越來越多，隔三差五就要離開皇宮一次，幾乎不再過問朝政。為此，王宮中的大臣們十分憂愁，他們找到宰相胡馬木，你一言我一語地抱怨著。

一位大臣說：「國王總是這麼貪玩，對朝政三天打魚兩天曬網，幸好有我們，如果傳到百姓們耳裡，一定會天下大亂的。」

「國王根本就是不負責任，他不重視治國安邦，早晚要吃苦頭。」一位將軍說。

「也許國王還年輕，等他年齡大些，可能情形就會好轉吧？」

大臣們紛紛發表著自己的言論，越說越氣憤，嗓門也越來越高。這時，宰相胡馬木發話道：「大家別吵，我有辦法了。」

宰相的話一出，房中立刻沒了聲音，靜得就連掉根針都能聽見，大臣們看著胡馬木，迫切期待著他說出是什麼好辦法。

胡馬木撫摸著鬍鬚說：「從今以後，國王每次出行我都主動追隨，一方面是為了保證他的安全，另一方面，我要將你們的忠告巧妙地告訴他。」

大臣們一聽有如吃了定心丸，鬱悶的心情也得到了放鬆，大家紛紛回到自己的職位忙碌起來。沒過幾天，年輕的國王就對宰相興奮地說：「你立刻幫我在港口備好一艘小木船，我要划著木船到大海中去探險。」

胡馬木說道：「陛下，我也十分喜愛大海，請您帶我一起去吧！」

國王聽後十分高興，他同意了胡馬木的請求。

兩人收拾好行囊後來到港口，登上了小木船。

大海上風平浪靜，豔陽高照，國王與胡馬木一起划著小木船，搖曳在溫柔的波濤中。他們離岸邊越來越遠，一直划到了海中央。國王躺在小船裡，欣賞著碧水連天的美景，感到十分愜意。

就在這時，出巡的海神看到了國王和他的大臣胡馬木，決定戲弄他們一番。

突然，天空驟然黑暗起來，大海的波濤也變得越發洶湧，國王立刻坐起身，向遠方望去。只見一股龍捲風呼嘯著，向他們所在的方向襲來。國王的兩眼直直地盯著龍捲風，像一個木頭人一樣呆坐在船上。

這時，宰相胡馬木大喊道：「陛下，抓緊小船，絕不可以放手。」

國王聽從了宰相的吩咐，緊緊地攥著船梆，眼看龍捲風就要將船掀翻，他害怕地閉上了眼睛。

當國王再次睜開眼睛時，他發現自己在一艘客船的甲板上，胡馬木正在身邊為他擦汗。國王趕忙握住胡馬木的手，詢問道：「宰相，龍捲風呢？我們活著，還是我們都死了？」

宰相哈哈大笑道：「陛下，我們都活著。」

聽了胡馬木的話，國王驚奇地問：「我們剛剛是怎麼逃過災難的？」

「陛下，昨天我們遭遇了龍捲風，小木船被掀翻的同時也把您狠狠地撞了一下，您頭部受傷昏迷過去了，我把您放在船板上，自己也爬了上去。沒過多久，這艘船剛好從小船邊經過，他們是準備要去埃及做生意，就把我們救起來了。您一直昏迷不醒，所以我一直在照顧您。」

陛下拍拍胡馬木的肩膀說：「等我回宮後，要重重地獎賞你和這艘船的船長。」

國王與胡馬木聊得正起勁，不遠處的一個奴隸哆哆嗦嗦地哭喊起來。一個商人走到他的身邊問道：「你怎麼了？」

奴隸沒搭理商人，繼續嚎啕大哭著。商人高聲對奴隸喊著：「快說，你到底怎麼了？」

奴隸還是對商人不予理會，只管繼續哭鬧。商人失去了耐性，他對著甲板上的人們大喊了一聲：「誰能讓這個該死的奴隸安靜一下？」

「我能。」這時，胡馬木站了起來，他把奴隸推到海裡，讓他沉浮了幾次，然後抓住奴隸的頭髮把他救了上來。狼狽的奴隸上船以後緊緊地抱著桅杆，死也不肯鬆手，他蜷縮在桅杆下，不再哭鬧。

國王一邊鼓掌表示讚許，一邊問道：「宰相，你為什麼要這樣做？」

胡馬木恭敬地說：「這奴隸原來並不知道什麼叫痛苦，所以總是想哭就哭、想鬧就鬧，如今他嚐到了跳海的滋味，也就能體會到坐在船上的可貴了。陛下，您從小無憂無慮地長大，根本不知道什麼是痛苦，所以您想玩就玩，對於國家想管就管，可以隨心所欲。如今您已感受到冒險的痛苦，也就能明白被救的滋味了吧？難道您非要經歷一次百姓的造反，才能懂得治國的重要嗎？」

國王被胡馬木的一番話刺痛，他終於清醒地意識到，因為一時的貪玩可能會犯下滔天的大錯。回到王宮後，國王開始整理內政，重振旗鼓。他在宰相胡馬木的幫助下，從一個貪玩隨性的紈褲青年，變成一位成熟穩重、憂國憂民的仁君。

小知識：

經歷過憂患才會知道安樂的價值與意義，而聰明人總是保持著憂患意識，因為這可以使他脫離安逸感所造成的墮落。

放下仇恨化解恩怨——國王與飛鳥

一位名叫祖耶爾的國王養了一隻小鳥，這隻鳥的羽翼純白如雪，眼睛明亮而深邃，並且還能像人類一樣說話。祖耶爾把這隻小鳥視為珍寶，並為牠取名為索拉。

祖耶爾飼養索拉不久，他的王后就懷孕了。一年後，王后生下了一名男嬰，而成年的索拉也生下了一隻小鳥，祖海爾為這種奇妙的緣分感到十分高興，他對索拉說：「我想把妳的孩子送到王后那裡，陪著小王子一起開開心心地長大。」

「您對我有養育之恩，我願意為您效勞。」索拉答道。

於是，祖耶爾將索拉的孩子送到後宮，並囑咐王后細心照料牠。時間一天天過去，王子慢慢長成少年，小鳥每天都陪伴在他的身邊，與王子成了好朋友。索拉每天都會飛進山林，帶回各種新鮮的水果。每次，小王子都將果子一分為二，自己和小鳥一人一半。索拉見自己的孩子與王子如此親密，感到十分欣慰。

一天，王子與小鳥在御花園中玩耍，索拉飛到林中去採摘水果。這時，小鳥不小心在王子的肩上拉了一點屎，沒想到王子勃然大怒，他抓起小鳥拼命地抽打著，嘴中不停地說著：「討

厭！討厭！討厭！」小鳥被王子抽暈過去，王子還是覺得很生氣，便舉起小鳥，向地面上用力地摔去，以致小鳥腦漿爆裂，當場死亡。

不久，索拉叼著水果籃子，飛回到御花園中。當牠看見小鳥的屍體，悲痛地尖叫了一聲，新鮮的果子掉落滿地。索拉憤怒地瞪著王子，牠展開聖潔的羽翼，從半空中俯衝到王子的眼前，伸出鋒利的爪子猛蹬過去。王子捂著臉，放聲嚎哭起來。聽到兒子的哭聲，王后趕忙跑了出來，她看見王子的一隻眼珠掉在了地上，變成了獨眼人，頓時嚇暈過去。

索拉飛到大樹上，憤怒地想：「國王太不講信義了，他答應我，讓我的孩子和他的孩子一起開心長大，原來是在利用我們，真是不仁不義的騙子！」

國王祖耶爾聽到了這個不幸的消息，心痛極了，但他並不想報復索拉。他冷靜了一段時間後，來到御花園的樹下，對索拉說：「索拉，妳下來吧！我想和妳談談。」

「哼，你這個騙子，從此我跟你的友情終止了。」索拉氣憤地說。祖耶爾焦急地說：「索拉，這件事確實是我的兒子不對，他已承受到了應有的懲罰，只是付出的代價有些大。既然妳的怨恨已經發洩了，那麼這件事就過去了，我們還像以前一樣好嗎？」

「呸！我不會再相信你的鬼話了。俗話說，聰明的人都會遠避仇人，你讓我失去了唯一的牽掛，遭受到了最大的痛苦，我要離開你了，再見。」

「別走！索拉，仇恨是由我們引起的，妳並沒有什麼過錯，可是妳為什麼不相信我呢？」祖耶爾抱著大樹，真誠地對索拉說。

「這種仇恨會永遠地埋在我的心裡，無論怎麼報仇都無法彌補。」索拉惡狠狠地說。

祖耶爾說：「仁者，不拋棄朋友的友誼，不斷絕兄弟的情感。就算是玩狗的惡人，他們等到玩夠了以後便把狗殺死，吃牠的肉，狗明明知道這種情況，卻還依然繼續著他們的友誼。」

聽了祖耶爾的話，索拉的眼淚奪眶而出，牠強辯著：「我的心中充滿了對你的懼怕和懷疑，無法再像過去那樣相信你，我們的友誼無法復合，還是各奔東西吧！」

「妳錯了，」祖耶爾堅定地說，「很多事情的發生，並不是由人決定的。妳對我的孩子所做的事，以及我的孩子對妳的孩子所做的事，都不是出自本身的意願。這些都是命中註定，都是上天的安排，我們只是被動執行的一方。」

索拉默默地流著眼淚，牠盯著樹下的祖耶爾，不再說話。祖耶爾真摯地望著索拉，誠懇地說：「每個人的心中都會有些仇恨，可是，聰明的人願意去化解仇恨，只有傻瓜才會培養仇恨。妳所累積的仇恨越多，妳的心就會越沉重，生活就會越來越不快樂。只有化解了仇恨，才能讓妳放下難過與痛苦，找到最初的好心情。索拉，我真的不願意失去妳，求妳回來吧！」

這時，索拉從樹上緩緩下降，停在祖耶爾眼前。祖耶爾伸出雙手，溫柔地捧著索拉。他們相視一笑，化解了所有的仇恨，重歸於好。

小知識：

仇恨永遠不能化解仇恨，只有慈悲才能化解仇恨，這是永恆的至理。

捍衛屬於自己的榮譽——

酋長之子復仇記

伊爾法尼是阿拉伯一位酋長的獨生子，父親在部落中德高望重，他熱愛人民，慷慨賢明，受到村民們的一致擁戴。為了將伊爾法尼培養成合格的接班人，老酋長每天親自給他上課，鍛鍊他的身體與意志。伊爾法尼在父親的教導下，茁壯成長起來。

一天，老酋長突然得了重病，多方治療都無效，最後安祥辭世。當時的伊爾法尼只有十六歲，他還不能接替酋長這個職位。於是，部落中的長者們召開討論大會，推舉伊爾法尼的叔叔查拉里暫時代位管理部落，直到伊爾法尼長到二十歲。

就這樣，查拉里登上了酋長的寶座。他享受著長者們對他的禮拜，感受著受人仰視的威風，慾望與權力充斥著他的大腦。他暗暗地想：「我為什麼要把這麼富有榮耀的職位讓給乳臭未乾的小孩呢？我可是被人們推舉上來的，絕不能輕易地下去。」一想到這裡，查拉里決定用冷暴力慢慢扼殺伊爾法尼，讓他自生自滅。

於是，查拉里每天都對村民噓寒問暖，關愛備至，還慷慨地施捨錢財物資。唯獨對自己的侄子伊爾法尼惡言惡語，侮辱謾罵。漸漸地，他在村中樹立了很高的威信，人們都很敬重他。

伊爾法尼每天都盼著自己快點長大，把酋長的位置奪回來。但天不遂人願，叔叔對他的侮辱和傷害一次比一次加重，他意識到如果自己不走，早晚會死在叔叔手中。

一天深夜，伊爾法尼收拾好行囊，騎上馬，離開了部落。

天色漸亮的時候，伊爾法尼走進一片樹林。他看見一頭猛虎正在追逐一頭小鹿，小鹿奮力地向他跑過來，眼看就要被猛虎撲住，伊爾法尼立即拔出寶劍，刺死了猛虎。這時，小鹿來到伊爾法尼身邊，搖身一變，成了英俊的青年。他向伊爾法尼行了禮，並說道：「我是這片森林的精靈，剛才被仇人追殺，幸好有你相救，我要報答你的恩情。」

伊爾法尼把自己的不幸遭遇告訴了精靈。精靈安慰道：「我很同情你，那你現在想怎麼做呢？」

「我要尋找機會殺回部落，奪回本該屬於我的一切。」伊爾法尼信誓旦旦地說。

「如果是這樣，我可以幫助你。我們先去買五十個奴隸。」精靈說道。

精靈叫伊爾法尼騎上馬，自己坐在後面。他用手指在馬的左背與右背上各劃了一下，突然，馬背上長

出一對奇大無比的翅膀。馬搧動著翅膀，飛上空中。

很快地，馬在一個島國的上空緩緩下落。精靈和伊爾法尼一起到市集上，買了五十個奴隸、五十件武器、五十匹馬，整合成隊伍，向伊爾法尼的家鄉行進。

他們馬不停蹄地走了一天一夜後，伊爾法尼指著前面的小山，對精靈說：「那座山的腳下就是我居住的部落。」

精靈答道：「你離家出走也有一段時間了，也許你的親叔叔已經良心發現，你不妨先回去看看，如果他仍然對你不客氣，你再回來找我。」

伊爾法尼覺得精靈說得對，便騎著馬，獨自回到部落，向叔叔家走去。查拉里一見他回來，吐了口痰，咒罵道：「你怎麼還沒死！」伊爾法尼見叔叔如此無禮，便憤然甩門而去。

他把叔叔惡劣的行為態度告訴了精靈，精靈說：「看來只好用武力解決了。」

於是，伊爾法尼和精靈帶著五十個奴隸，趁深夜偷偷進村，準備埋伏在叔叔家周圍。誰知，自從伊爾法尼甩門而走後，查拉里就料到大事不妙，他提前讓自己的追隨者們潛伏起來，聽令行事。當伊爾法尼的隊伍到達叔叔家門口時，查拉里立即拿著寶劍從屋裡衝出來，並招呼追隨者們上前廝殺。武藝高強的伊爾法尼三兩下就捉住了查拉里，但他不想要叔叔的性命，只想請叔叔交出酋長的位置。

誰知查拉里仍然頑固抵抗，死也不肯交出職位。伊爾法尼只好一劍結束了叔叔的性命。

村民們見狀，驚恐萬分。伊爾法尼喊道：「鄉親們，我的叔叔為了長期佔有酋長的職位，他對我百般侮辱，迫使我不得已離家出走。如今我已成人，回來找他，希望他讓位給我。可是他就是不肯，我只好結束了他的性命，奪回屬於我的一切。」

大家知道了事情的真相後，漸漸接納了這個年輕的酋長。這時，精靈走到伊爾法尼面前說：「我已經報答了你對我的救命之恩，我也要回到屬於我的地方去了。」

伊爾法尼依依不捨地將精靈送到村口，目送他離去。

從此，伊爾法尼認真管理部落，一絲不苟。村民們也是互敬互愛，安定團結。

小知識：

正義是苦難者的希望和犯罪者的畏懼之所在。只要提著正義之劍攻擊，再柔弱的手臂也會力大無窮。

國家圖書館出版品預行編目資料

夢幻神祕的阿拉伯神話故事／夏妍著.
－－第一版－－臺北市：知青頻道出版；
紅螞蟻圖書發行，2012.9
面　公分－－(Tale；14)
ISBN 978-986-6030-35-2（平裝）

1.神話 2.阿拉伯

283.591　　101016046

Tale 14

夢幻神祕的阿拉伯神話故事

作　　者／夏妍
美術構成／Chris' office
校　　對／周英嬌、楊安妮、朱慧蒨
發 行 人／賴秀珍
榮譽總監／張錦基
總 編 輯／何南輝
出　　版／知青頻道出版有限公司
發　　行／紅螞蟻圖書有限公司
地　　址／台北市內湖區舊宗路二段121巷28號4F
網　　站／www.e-redant.com
郵撥帳號／1604621-1　紅螞蟻圖書有限公司
電　　話／(02)2795-3656（代表號）
傳　　真／(02)2795-4100
登 記 證／局版北市業字第796號
法律顧問／許晏賓律師
印 刷 廠／卡樂彩色製版印刷有限公司
出版日期／2012年 9月　第一版第一刷

定價 300 元　港幣 100 元

ISBN　978-986-6030-35-2　　Printed in Taiwan